On the Job Training Perfect Manual

OJT
完全マニュアル
部下を成長させる指導術

松尾 睦［監修］
ダイヤモンド社人材開発編集部［編］

ダイヤモンド社

監修者のメッセージ

「他人の育成を手がけないかぎり、自分の能力を向上させることはできない」(1)

このドラッカーの言葉にあるように、優れたマネジャーになるためには、部下を育成する力が必要です。マネジメントとは、そもそも「他者を通して仕事を成し遂げる」ことですから、部下の力を伸ばすことがマネジャーの大きな役割であることがわかります。

しかし、仕事がバリバリできる人でも、他人を指導する際には困ってしまうことが多いようです。現場のマネジャーに話を聞くと「原則論はわかっているけれども、具体的な指導の方法やスキルとなると自信がない」という声をよく聞きます。

こうした状況を踏まえて、ダイヤモンド社と私は、日本企業で働くＯＪＴ担当者に対して大規模調査を実施し、ＯＪＴ診断ツール（ＤＬＬ）を開発しました。これによって、育て上手の大まかな特徴が明らかになりました。

その後、ＤＬＬを受検した方々から「さらに踏み込んだＯＪＴのコツのようなマニュアルが欲しい」という要望が上がりました。そうした要望にお応えし、現場における「指導の成功例」を集めて体系化したものが本書です。

指導についてのさまざまなノウハウやコツを分析していてわかったことは、ＯＪＴとは「当たり前のことを、ていねいに行う」ということです。具体的には、次のようなことができれば、人は育ちます。

- 目標を腹落ちさせる。
- 全体を見せながら仕事を任せる。
- 声をかけて、部下の意見をしっかり聴く。
- 問題を見える化しながら、適切に振り返らせる。
- 問いかけて学びを引き出す。

「そんなことはやっているよ」という声が聞こえてきそうですが、本当にできているでしょうか。本書で紹介するのは、これらの指導を「具体的に、どのように行うか」についての方法論です。マネジャーがよく直面する困難や問題点を「シーン（状況）」として紹介し、そうした困難や問題にどのように対処すればよいかを「ベストプラクティス（対処方法）」として示しました。

ここで、本書の特徴について説明しておきましょう。

第1の特徴は、「人が経験からいかに学ぶか」に関する研究、すなわち「経験学習理論」に沿って、指導方法を整理していることです（序章参照）。指導というと「一方的に教え込む」というイメージを持つ人がいるかもしれませんが、それでは人は育ちません。部下が仕事経験から多くのことを自主的に学ぶことができるように指導することが、適切なOJTのあり方であるといえます。

第2の特徴は、仕事の流れを「PDCA」で区分し、ステップごとの指導のあり方を説明している点です。PDCAサイクルは、経験学習サイクル（人が経験からいかに学ぶかについてのモデル）と似ているのがその理由です。

具体的には、「目標設定」→「計画立案」→「計画の実行」→「トラブルへの対処」→「評価」→「学びの抽出」へと分解し、各ステップにおいてマネジャーがぶつかる問題点と、それを乗り越えるためのコツを解説しています。

冒頭で示したように、育成力を身につけることは、部下や後輩のためだけでなく、自分のマネジメント力を高めることにつながります。他者の成長と自己の成長が同期するところに人材育成の魅力があるといえるでしょう。本書を通して、みなさんのＯＪＴ力がいっそうレベルアップすることを祈念しております。

北海道大学大学院・経済学研究院　教授　松尾睦

(1) Drucker, P.F. (1973) *Management: Tasks, Responsibilities, Practice.* New York: Harper & Row.（有賀裕子訳『マネジメント：務め、責任、実践Ⅲ』２００８年、日経ＢＰ社）

ＯＪＴ完全マニュアル　目次

第1章　ＯＪＴの土台づくり

第2章

目標設定

第3章

計画立案

第4章 計画の実行

第5章 トラブルへの対処

第6章 評価

第7章 学びの抽出

第8章　OJT指導の実践例

OJT
完全マニュアル

序章

あなたの職場の若手社員は、期待通りに成長しているでしょうか。

新卒であれ中途採用者であれ、また他部署から新たに異動してきた若手もそうですが、周囲の関与、ＯＪＴ指導者の適切なアドバイスによって、より良く成長することができるはずです。

要領が良く、吸収力の高い者もいれば、ポテンシャルはありながらもなかなか伸びない者もいます。成長力の違いは持てる潜在能力、職場の指導環境、挑戦する機会の有無など、さまざまなファクターにより生じるものですが、指導する側にとっては、押さえておくべきセオリーがあります。

ＯＪＴ指導者は、自身の指導方法の課題を改善しながら、若手の成長促進に効果がある指導行動を実践することが求められます。

本書では「指導上手の原則」を実践する上での課題を踏まえ、ＯＪＴの指導ステップ別に望ましい指導行動を示します。

成長する力を伸ばす「経験学習」とは何か

指導ステップの説明をする前に、まずＯＪＴ指導に関わる基本的な考え方について解説します。本書で述べる指導法の背景にあるのは、「経験学習」という考え方です。

若手社員の成長を促進するためには、仕事経験から学ぶ力の強化が必要です。そのために求められるのが「経験学習サイクル」を習得・定着させることです。

同じような仕事を経験しても、そこから学んで成長する人と、そうではない人がいます。これは経験から学ぶ力の違いから生

「経験学習サイクル」

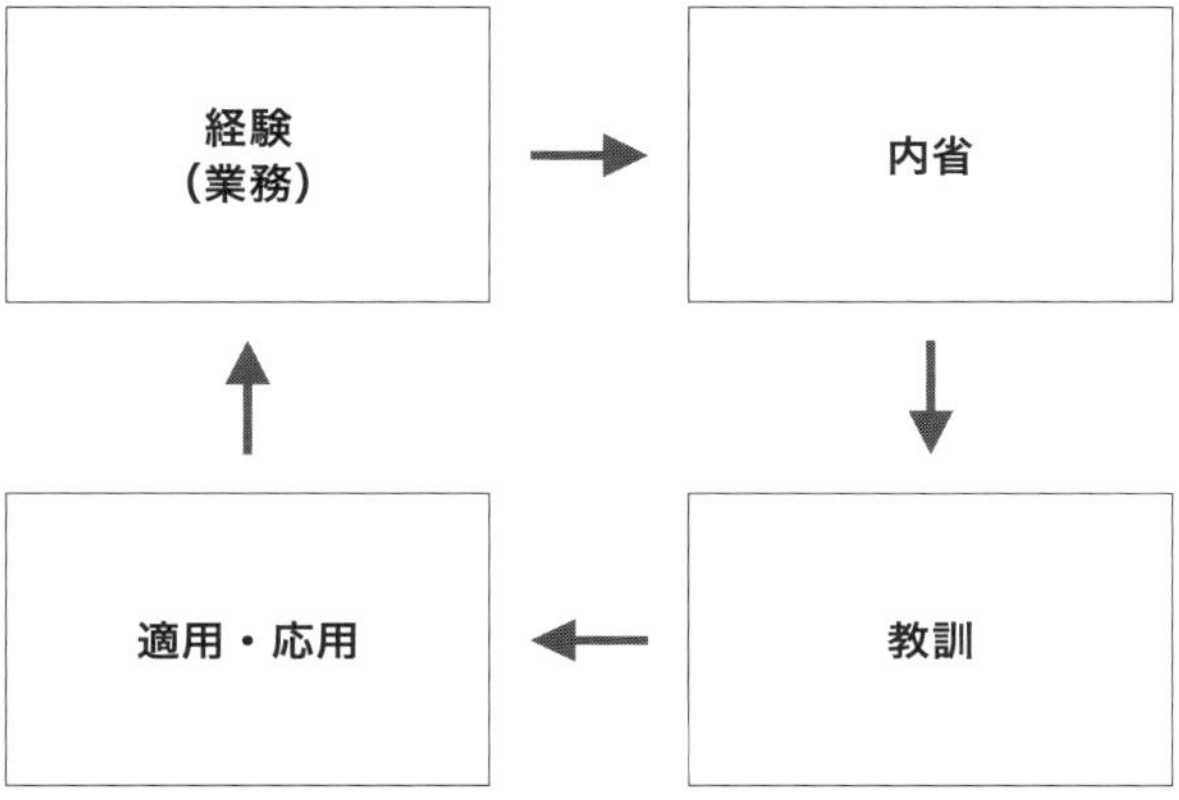

注：Kolb（1984）を基に作成

じるものです。

経験学習は、「仕事の経験をした後、その経験をきちんと振り返り、うまくいったこと、うまくいかなかったことを内省し、そこから教訓を導き出し、新しい仕事に適応することで深い学びを得る」ものです。この流れを示したのが17ページの図の「経験学習サイクル」[2]です。

せっかくの経験も、やりっぱなしでは知恵に昇華しません。必ず振り返ってみること。それが学びにつながるのです。OJT担当者は、振り返りの際に、「うまくいった理由は？」「なぜ失敗したと思う？」というように、問いを発することで、部下はより多くの気づきを得るでしょう。


人は経験から学びます。

社会人の成長は、その要因の70％が経験を通して実現するといわれます。実際の業務を通したトレーニング、すなわちOJTが重要なのは、そのためです。研修や自主的な読書などの学習も、もちろん成長にプラスになりますが、それ以上に仕事の経験がモノを言います。

実は、経験学習サイクルは、PDCAサイクルと対応しています。下の図を見てください。PDCAは、目標に基づいて計画を立て（Plan）、それを実行し（Do）、その結果を評価（Check）することで、改善を行う（Action）という仕事の流れです。

このとき、Doは「経験（業務）」、Checkは「内省」、Actionは「教訓」、Planは「適用・応用」と深く結びついているのがわかると思います。

OJTに取り組むことは自分のマネジメント能力を向上させる

育て上手な上司・マネジャーを調査したところ、彼らはこのPDCAサイクルを回

PDCAサイクルと対応する経験学習サイクル

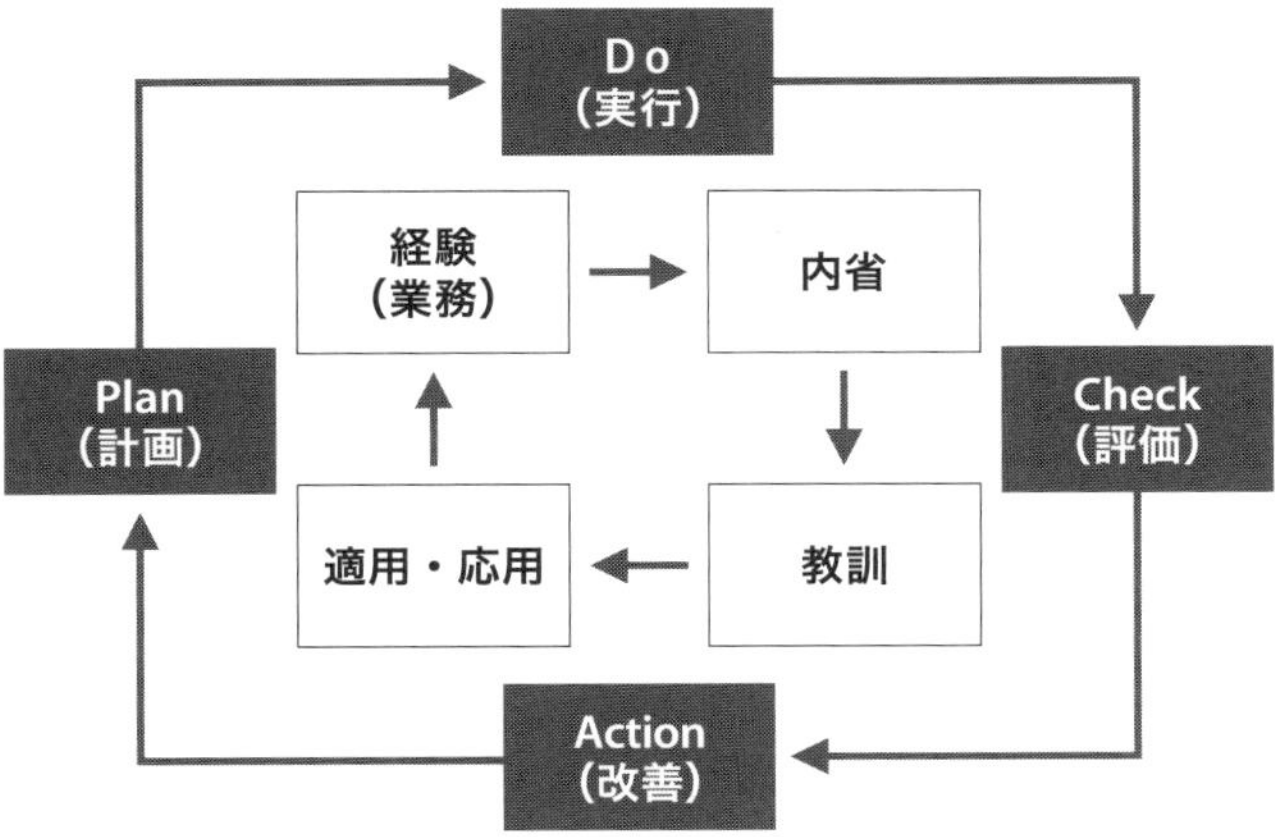

注：松尾（2011）を基に作成

しながら、うまく部下の経験学習も回していることがわかりました(3)。

ＯＪＴを通して部下がより良く成長するためには、経験→内省→教訓→適用・応用という経験学習のプロセスのそれぞれに、目標のストレッチ、進捗確認と相談、内省支援、ポジティブ・フィードバックという指導行動が必要です。

本書を作成するに当たり、私たちはＰＤＣＡをさらに細分化し、各段階において、マネジャーがどのように部下を指導しているかについての現場の知恵を集めました。そうした知恵に、人材育成に関する先行研究の知見を組み合わせてでき上がったのが図の枠組み＝指導ステップです。本書

OJTのプロセスと必要な指導行動

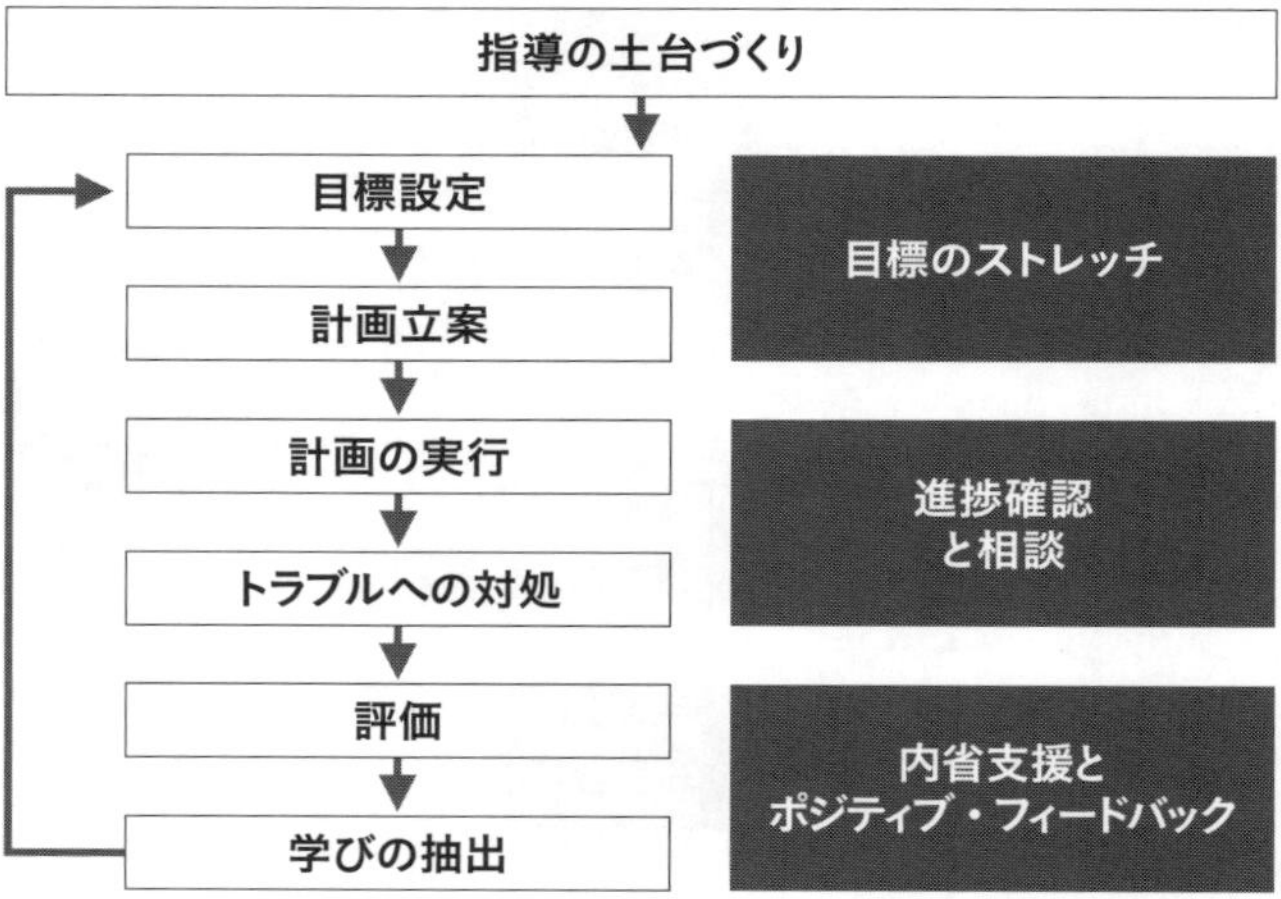

ではこの指導ステップに沿って具体的に解説していきますが、まずは、全体像を理解してください。

第1ステップ：OJTの土台づくり

PDCAを回す前に大切なことは、OJTのための土台をつくることです。土台が揺らいでいると、単なる技術論に陥り、指導が空回りしてしまいます。

まず、部下や後輩を教えることは、マネジャーのコア・スキルである育成力をアップさせることにつながることを意識しましょう。つまり、OJTに取り組むことは、部下や後輩のためだけでなく、自分のマネジメント能力も向上させるという点を理解

OJT指導の枠組み

OJTの土台づくり		OJTの基本を押さえ、土台をつくる
Plan	目標設定	バランスの取れた目標を、腹落ちさせる
	計画立案	全体を見せ、段取りさせて、仕事を任せる
Do	実行	声をかけ、しっかり聴き、共有する
	トラブルへの対処	部下中心に問題を見える化し、支援する
Check Action	評価	適切な形でほめて、叱り、振り返らせる
	学びの抽出	ヒントや問いかけで学びを引き出す

することが大切です。

次に重要なのは、部下の成長を信じ、その思いを伝えることです。「期待されている」と思うと、人間はがんばれます。その上で、何から何まで教え込むのではなく、部下に考える余地を与える「ガードレール型」の指導を行い、職場全体を巻き込んだ形の育成を心がけると、ＯＪＴのための環境が整います。

ストレッチ目標を掲げ
仕事の優先順位をつけさせる

第2ステップ：バランスの取れた目標を腹落ちさせる（目標設定）

ＯＪＴの土台ができたら、いよいよＰＤＣＡを回しながらの指導開始です。まず考えなければならないのが目標の内容です。事業の目標はどうしても、短期目標と成果目標に偏ってしまうので、長期目標や学習目標も立てなければなりません。

次に目標のレベルです。がんばれば手の届く程度にストレッチし、期待し、励ますことで、部下が目標に立ち向かおうとする気持ちを高めることが大切になります。

目標が高すぎるときには、目標をいくつかの段階に分解し、目標の意味をしっかりと言葉で説明することで、部下が「腹落ち」できるように導きましょう。

第3ステップ：全体を見せ、段取りさせて、仕事を任せる（計画立案）

次に、立てた目標を計画に落とし込みます。心がけたいことは、計画の全体像を意識させることです。計画をシミュレーションさせて、部下が全体像をイメージできるようにします。

その上で、仕事の緊急度と重要度で仕事の優先順位をつけさせたり、ＴｏＤｏリストによって仕事の段取りさせることも有効です。

このとき大事なのが仕事の任せ方です。任せ方の原則を押さえつつ、部下の成長スピードに合わせて任せ方を変えていくことも重要になります。

第4ステップ：声をかけ、しっかり聞き、共有する（実行）

ＰＤＣＡのＤ、つまり実行段階で気をつけることは3つあります。

第1に、日々の声かけです。声かけは、「あなたに関心を持っていますよ」という気持ちを示すと同時に、問題を未然に防いだり、早めの解決につながることも多いといえます。

第2に、定期的にミーティングを行い、部下の話をしっかりと「聴ききる」ことです。聴ききることによって信頼関係が生まれますし、業務の進捗状況を正確に把握することも可能になります。

第3に、一対一の閉じた関係になるのではなく、部下の仕事の状況を職場全体で共有することです。これによって職場メンバー全員がサポートやフォローする体制が生まれます。

正しく振り返らせることで経験は智慧に昇華する

第5ステップ：部下中心に問題を「見える化」し、支援する（トラブルへの対処）

仕事をしていると、トラブルにぶつかることがあります。部下がトラブルを抱えたときには、まず相談しやすい雰囲気をつくることが肝要です。そのためには、普段から部下の話に耳を傾け、共感することで「この人は悩みを聴いてくれる」と思わせることがポイントになります。

その上で、問いかけながら、経過や現状を「見える化」します。その際、事実のみならず、部下の意見や感情も聞き出し、あくまでも部下中心に話を進めなければなりません。

ヒントを与えながら部下に考えさせることが基本ですが、部下の能力が不足する場合や業務への影響度が大きいときには、状況に応じて、支援方法を変えることも大事です。

第6ステップ：適切な形でほめて、叱り、振り返らせる（評価）

節目節目で仕事を評価する際に気をつけなければならないのは、適切な形でフィードバックし、部下に正しく振り返らせることです。具体的には、「労をねぎらう」→「聴きる」→「問いかけて考えさせる」→「アドバイスする」という形でフィードバックすることが基本です。

ほめる際には、「何が良かったのか」「どこが伸びたのか」を具体的に説明し、才能よりも努力を認めることがポイントになります。また、メールや日報コメントなど言葉に残したり、職場全体でほめることも有効です。

叱るときには、客観的事実に基づいて理由を明確にし、簡潔に叱りましょう。感情的になっているときは、少し時間を置いて冷静になってから叱り、人格を否定するような言葉は避けなければなりません。ほめるにしても、叱るにしても、本人の内省につなげることが大事です。

第7ステップ：ヒントや問いかけで学びを引き出す（学びの抽出）

振り返りの中で大切なことは、学びを引き出すことです。このとき、自身の失敗体験や成功体験をヒントにしたり、取引先や社内の他部署と対話する機会を提供することが有効です。

部下のモノの見方の狭さがネックになるときには、取り組みや作業の流れをチャート図やツリー図にして「見える化」したり、時系列で考えさせるという手もあります。

また、振り返りの結果が一過性で終わらないように行動習慣につながるような形で教訓を引き出すことが大切です。その際、教訓を言語化させることで深い学びにつながります。

このようなステップを一つ一つ踏むことによって、若手は業務能力を身につけ、成長していきます。

シーンに応じたベストプラクティス

それでは本論に入りましょう。

以下のページでは、前述したステップ別に指導法を説明していきます。

ページ構成は、原則として見開き2ページで1つのテーマを取り扱います。

まず、指導の場面でのつまずきや迷いを「シーン」として見出しとし、どんな状況かを2、3行のストーリーにしました。営業部門のマネジャーに昇格して間もないヤマダさんが、部下指導のさまざまな局面でぶつかる課題をストーリー仕立てにしています。

そんな各シーンでの望ましい指導行動を「ベストプラクティス」として示し、さらに解説を加えています。

本書は通読していただいてもかまいませんが、部下指導について迷ったとき、困ったときに「辞書」を引くように読んでいただくのもいいでしょう。

本書の構成

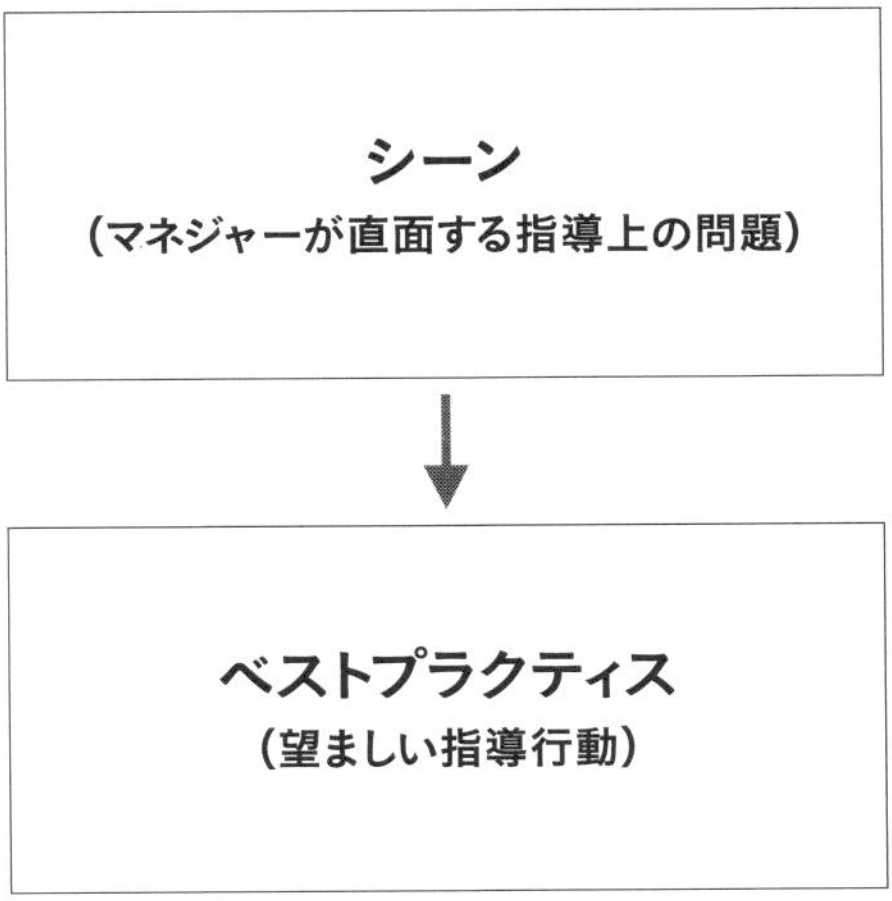

（2）Kolb, D.A. (1984) *Experiential Learning : Experience as the Source of Learning and Development*, New Jersey : Prentice - Hall.

（3）松尾睦（2011）『経験学習入門・職場が生きる人が育つ』ダイヤモンド社

第1章
OJTの土台づくり

ＯＪＴ完全マニュアル、最初のステップは「ＯＪＴの土台づくり」です。ここがしっかりしていないと、ＯＪＴ指導はうまくいきません。部下と目標を共有し、信頼関係を築く。それができて初めて、成長につながる指導が可能になります。

「適切な指導方法を取っているはずなのに、部下が育たない」と嘆くマネジャーの声をよく聞きますが、多くの場合、この土台が築かれていないため、指導が「空回り」しているようです。

ＯＪＴは恋愛に似ています。いくら優しい言葉をかけたり、美味しいレストランに連れて行ったり、贈り物をしても、互いの目標がずれていたり、信頼がなければ、関係はうまくいきません。

以下では、仮想の業務シーンを設定し、それに対する望ましい対応＝ベストプラクティスを示します。

STEP 1

- **ＯＪＴ担当になることは自身の成長につながることを自覚すべき。**
- **部下をどのように捉えているかが指導のベースになる。**
- **指導の基本を忘れない。**

OJTの土台づくり（指導の前提）

OJTの意味

- OJT担当の効用を自覚する

部下の姿勢

- 「愛してるの原則」を実践する
- 対人魅力を高める
- 部下の成長を信じる

指導の基本

- 仕事のMVPを伝える
- ガードレール型の指導を行う
- 双方が納得するゴールを設定する
- 線ではなく面で指導する
- 居場所を確保する

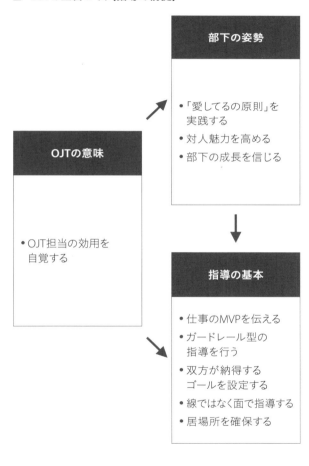

シーン 1

OJTについて、いまひとつ本気になれない

営業部門の課長に昇格して半年。ヤマダさんはプレーイング・マネジャーとして、朝から夕方まで顧客を訪問しています。部下指導も大事な業務、と部長に言われていますが、数値目標も負っているので意識の上では営業第一。なかなか部下指導に前向きになれないでいます。

ベストプラクティス1

OJTは優れたマネジャーが備えるべき能力を強化する機会であると認識する

組織がOJTに期待しているのは、部下の成長だけでなく、指導者・部下双方の成長です。指導者はOJT＝育成経験を通じて、マネジャーに求められる「目標共有力」を強化することができます。「目標共有力」とは、ビジョンや目標を明示し、それを組織に浸透させ、メンバーを巻き込む能力です。

日本企業12社の課長・部長を対象とした調査によれば、優れたマネジャーは経験を通し

て「情報分析力」「目標共有力」「事業実行力」という3つの能力を習得していた、という結果が出ています。(4)

このうち「目標共有力」を高めている人は、「部下を育成した経験」を積んでいる人であることがわかっています。

［学びの例］：部下が自分にまったくついてきてくれなかった経験から、「マネジャーとしてどうありたいのか、どこを向いて仕事をしているか」を明確にする必要があることを学んだ。そこで「営業部門内売上トップ」という目標を掲げ、繰り返し方針を示し、メンバーへの面談を重ねて振り返りを促した。

このマネジャーは失敗を経験しながらも、ＯＪＴを通して、マネジメントの基本である「目標を部下と共有する能力」を身につけています。

このように、ＯＪＴは優れたマネジャーが備えるべき能力を強化する絶好の機会であると認識できれば、前向きな気持ちで部下指導に取り組めるはずです。

シーン 2

OJT指導の拠り所がない

部下指導に対して、前向きな気持ちを持てるようになったヤマダさんですが、いざ指導しようとすると指導の拠り所がないことに気づきました。自分の営業経験であれば、いくらでも語ることができますが、それでいいのか、自信が持てません。

ベストプラクティス2

自分たちの仕事の持つMVP（使命・価値・誇り）を部下に伝える

OJTにおいて、指導者は好き勝手に指導してよいわけではなく、自社の育成方針・理念に沿った指導を行う必要があります。

その際、自社の方針・理念と関連づけて、自分たちの仕事のMission（使命）、Value（価値）、Pride（誇り）を確認し、それを指導者の言葉で部下に伝え、共有することが有効です(5)。つまり、しっかりと原理・原則を持って指導に当たることが大切なのです。

M（Mission：使命）↓社会や自社における自分たちの仕事の意義・使命は何なのか

（例）「我々の仕事は○○の面で世の中に役立っているんだよ」
「我々の部署が○○しているから、うちの会社は○○できているんだよ」

V（Value：価値）↓自分たちが守るべき価値は何なのか

（例）「我々は何があっても、○○することだけは絶対譲れない」
「我々の○○は、他社には絶対負けないという自負がある」

P（Pride：誇り）↓組織・チームの一員であることに誇りを持っているか

（例）「私はこの組織で働いていることを誇りに思う」
「この仕事は○○という点で楽しい、と胸を張って言えるよ」

このように、ＭＶＰを拠り所にすることで、自社の方針・理念に沿った指導を行うことができます。また、ＭＶＰの実践の具体例として自信の経験談を語ることで、部下の心に響くＯＪＴが可能になります。

シーン 3

OJT指導をしても、部下の気づきが少ない気がする

ヤマダさんはOJTの中で部下が多くの気づき、学びを得ることを望んでいます。そのために、本人の自主性に任せてみたり、逆にスパルタ式に目標を設定してプレッシャーを与えてみたりしていますが、部下の気づき、学びは少なく、指導方法に悩んでいます。

ベストプラクティス3

「考える余地」を与える「ガードレール」型の指導を行う

人の教育方法には、「線路型」「放牧型」「ガードレール型」の3つがあります。OJTにおいては、気づき・学びを誘発しやすくするという意味で、目標に向かって**「考える余地（Space To Think）」を与える「ガードレール型」の指導**が望まれます。

線路型の指導とは、指導者が目標を明示し、同時にそこに至るレール（線路）を敷き、

レールからはみ出ることや、遅れることは許されない指導方法です。目標を達成しやすいですが、部下が考える余地がなく、気づきは生まれにくいといえます。

放牧型の指導は、指導者は明確な目標は示さず、すべて部下の自主性に任せるスタイルです。部下が考える余地はありますが、目標が不明瞭なため、方向性（目標）を見失うおそれがあります。

理想的なのは、ガードレール型の指導です。つまり、指導者が目標を明示しますが、そこに至る道筋は一定の範囲内で部下の裁量に任せるというやり方です。目標を見失うことなく、部下に「考える余地（Space To Think）」を与えることが可能となります。部下が許容範囲から逸脱しそうになったら、指導者がアドバイス等を行い、逸脱を防止します。つまり、指導者がガードレールの役割を果たすわけです。

シーン
4
若い部下との間に、信頼関係を築くのが難しい

ヤマダさんには部下が5人います。そのうちカワイくんは新入社員。配属されたばかりです。年齢差が20歳近くあるため、さまざまな面でギャップを感じます。カワイくんは性格も良く素直に話を聞いてくれますが、ヤマダさんは信頼関係が築けているのか、少し不安な気持ちです。

ベストプラクティス 4-1
ラポールを構築するために、「愛してるの原則」を実践する

ＯＪＴ実施の大前提となるのが、**指導者・部下間のラポール（相互に信頼している状態）の構築**です(6)。ラポールの構築がなければ、部下は本音で指導者と接しようとしないかもしれません。ラポールを構築するためには、指導者・部下の相互理解が不可欠です。年齢の離れた指導者・部下の間で価値観の違いがあるのは当然のことです。

しかし、相手に関心を持ち、相互理解を深めることで、価値観の違いを乗り越え、調整

することが可能となります。部下に関心を持って接するためには、以下に示す「**愛してるの原則**」を実践することが有効です。

「愛してるの原則」

①**注目：attention**…部下の言動に注目する。
②**関心：interest**…部下の言動に関心を持つ。
③**共感：sympathy**…部下の言動に共感する。
④**信頼：trust**…部下を信じる。
⑤**敬意：respect**…部下に敬意を払う。
（①～⑤の頭文字を取って「あ（a）・い（i）・し（s）・て（t）・る（r）」）

つまり、部下をよく見て、関心を持ち、共感し、信じて、敬意を払うとき、指導者と部下に信頼関係が生まれます。そして、この信頼関係がＯＪＴの潤滑油となるのです。
以上述べたように、ＯＪＴのスキルのみを身につけてもなかなか効果を発揮することはできません。ＯＪＴの土台づくりができて初めてスキルが活きてきます。

ベストプラクティス 4-2

ＯＪＴ指導者の対人魅力を高めるコミュニケーションを心がける

ラポールを構築するためには、部下に対する上司の関心を高めることも必要です。そのためには、「近接性」「類似性」「互恵性」に留意したコミュニケーションを図り、ＯＪＴ指導者の「対人魅力」を高めることが望まれます。

「近接性」…人は近くにいる人に対して、親しみを持ちやすい。
「類似性」…人は価値観や行動が類似する人に対して、親しみを持ちやすい。
「互恵性」…人は自分に好意を示す人に対して、親しみを持ちやすい。
（心理学における「対人魅力（人が他者に対して抱く好悪）」の規定要因）

【「対人魅力」を高めるコミュニケーションのコツ】

これら3つを高めるための具体例を、左ページにまとめておきました。

①近接性を高める

（例）席を隣同士にする、会話の総量を増やす

（あいさつ、日常会話、雑談）。

目を合わせる（アイ・コンタクト）。

②類似性を高める

（例）会話の中で相手との共通項を探す

（出身地、趣味等）。

③互恵性を高める

（例）プラスのストロークを発信する

（言語・非言語）。

積極的に自己開示する

（自分の失敗体験を積極的に語る等）。

会話したことをすぐ行動で示す

（「あの人に言えば、動いてくれる」）。

プラスのストローク、マイナスのストローク

	言語による働きかけ	非言語による働きかけ
マイナスのストローク	否定する、批難する 悪口・嫌みを言う等	不機嫌な表情、にらむ 無視する、怒鳴る等
プラスのストローク	ほめる、認める 励ます、感謝する等	微笑む、うなずく 傾聴する、喜ぶ、 拍手する等

言語や非言語による、他人への働きかけを「ストローク」と呼ぶ。ストロークには、相手を肯定するプラスのストロークと、相手を否定するマイナスのストロークがある。

シーン

5

部下が本当に成長するかどうか、自信が持てない

部下のスズキくんは、入社3年目。どちらかというとおとなしく、意欲が前面に出ないタイプです。まじめに営業にも取り組んでいるのですが、いまひとつ成果が上がらず、持てる力を発揮できていません。ヤマダさんも内心「イマイチだなあ」と感じています。

ベストプラクティス5

上司が部下の成長を信じれば、確実に部下が成長する（ピグマリオン効果）

ピグマリオン効果とは、教育心理学における心理的行動の一つであり、「相手が成長すると信じて接していると、本当に相手が成長する」という事象を指します。[7] ＯＪＴにおいても、部下を「成長する」「伸びるはず」と信じて接する場合と、「成長しないだろう」「あまり伸びは期待できない」と考えて接する場合では、部下の成長度合いに差がつきます。

例えば、部下が失敗したとしましょう。もし部下の成長を信じているのであれば、次のような指導をするはずです。

- 「失敗するのは自分（ＯＪＴ指導者）の指導にも改善点がある」と自責で考える。
- 「次回は必ずできるはず」と再挑戦の機会を与え、適切に支援する。

一方、「失敗するのは相手（部下）のやり方が悪いからだ」と他責で考えたり、「やはり、あいつには無理だな」と安易にハードルを下げてしまうのは、部下の成長を信じていない指導といえます。

仮に至らないところが目につくにしても、一緒に働く仲間として、「自分は期待されている」と感じさせるような接し方をしましょう。その逆であれば、モチベーションが上がらないことは、ご理解いただけるはずです。

シーン
6

部下のやる気がなかなか引き出せない

部下の成長を信じよう、と考えを新たにしたヤマダさんですが、力があるはずなのにやる気を見せない入社2年目のナカムラくんにどう指導するか、困っています。職場の中ではメンバーと仲良くやっていますが、業務に関してはどうにも消極的に見えるのです。

ベストプラクティス6

上司・部下双方が納得する成長ゴールを設定する

部下の「成長ゴール」を適切に設定するためには、上司が「期待する人物像」、部下本人が「なりたい自分」の両方からゴールを検討することが重要です。また、自社や職場の方針・理念を考慮することも忘れないようにします（ベストプラクティス2）。

具体的に、成長ゴールを設定する際には、「ナレッジ（知識）」「プラクティス（実践）」「バリュー（価値観）」という3つの視点から落とし込むと、部下が理解しやすいでしょう。

成長ゴールを設定する3つの視点

（視点1）「ナレッジ（知識・ノウハウ）に着目したゴール」

例えば、「自社商品の特徴を説明できる」「○○業務の流れを説明できる」「○○ソフトの操作の仕方を知っている」といったゴールを設定します。

（視点2）「プラクティス（実践・技術）に着目したゴール」

例えば、「一人で○○作業を行うことができる」「適切なタイミングで上司に報・連・相ができる」など、仕事の実践場面で必要とされる行動についてのゴールを設定します。

（視点3）「バリュー（価値観、態度）に着目したゴール」

例えば、「チームにおける自身の役割を認識し、行動する」「やり終えた仕事を振り返る習慣をつける」「いかなる仕事にも積極的に取り組み、貪欲に学ぶ」のように、仕事に取り組む際の拠り所・基本姿勢についてのゴールを設定します。

このような視点を持つことによって、部下は何をすればいいかが明確になり、意欲を持って主体的に仕事を進めることができるようになります。

シーン

7

自分一人では育成の負担感が大きすぎる

ヤマダさんは課を引っ張るリーダーでもあります。もっと営業訪問を増やして、売上を伸ばしたいと思っていますが、部下指導にも時間を取られます。とりわけ新人のカワイくんには早く一人前になってもらわなければ困るのですが、自分の力だけでは限界があると感じています。

ベストプラクティス7

育て上手のOJT指導者はOJTを「線」ではなく「面」で展開する

職場メンバーを巻き込むことで、OJTは部下と上司の間のみの「線」展開ではなく、職場全体の「面」展開の取り組みとなり、さまざまなサポートを引き出すことができます。

中原淳・東京大学准教授によれば、職場において人は「**業務支援**」「**内省支援**」「**精神支援**」という3つの支援を他者から受けているといいます(8)。

「業務支援」とは、業務に関する指導・アドバイスを行うこと。

「内省支援」は、振り返りを促し、客観的な意見を述べ、本人に気づかせること。
「精神支援」は、励ます、ほめるなど、感情のケアを行うことです。

さらに、上司による支援は「業務支援」「内省支援」を最も多く受けるものの、「精神支援」は同僚・同期からが最も大きく、逆に上司からはあまり受けていない、という調査結果が出ています。また、「内省支援」については上司もさることながら、先輩、同僚・同期、部下など、さまざまな人々から等しく受けているそうです。

これを踏まえて考えるなら、上司だけが育成の任を負うのでは、多方面での支援がしきれない、ということになるでしょう。

たとえば、「OJT指導者が出張等で不在時の指導をお願いする」「得意分野を持つメンバーに、その分野の指導をお願いする」「他メンバーの経験談を語ってもらう」など、職場を巻き込む指導例は、さまざまな方法が考えられます。

育て上手なOJT指導者は、周囲の力を活用しています。業務への指導、振り返りのサポート、励ましほめる感情のケア。職場には多様な個性の持ち主がいて、得意な関与パターンがあるはずです。一人で抱え込まず、職場メンバーを巻き込む指導を行いましょう。

シーン 8

新人の部下が職場になじめていない

カワイくんの様子に、配属当初のはつらつとした感じが薄れてきたようです。比較的、年齢の近いメンバーはいるのですが、仕事にもまだ慣れず、それ以前に職場そのものになじめていないような気もします。

ベストプラクティス8

部下の「居場所」を確保してあげることが成長意欲をかき立てる

新入社員や異動で赴任してきたばかりの社員の場合、職場になじませることが重要です。職場になじむことで、部下は自分の「居場所」を確保することになります。

「職場になじむ」というのは、次の3つの状態になることです。

①自分の役割がわかる。（役割の明確化）

②職場の他メンバーから受け入れられていると感じる。（社会的受容）
③自分はここでやっていけると思う。（自己効力感）

この3つの状態が実現すると、「ここでがんばっていこう」という継続意思が生まれます。つまり、「居場所」が確保できる、というわけです。そうなって初めて、部下は成長意欲を持つようになります。

そのための支援としては、例えば前述した「自分たちの仕事を持つMVPを共有する（ベストプラクティス2）」「職場全体を巻き込んだOJTを行う（ベストプラクティス7）」などが有効です。

ほかにも、「雑用であっても部下がやったことを職場全体で承認する」ことは、自己効力感を高めると同時に、自分もチームの役に立っていると認識させることになりますし、「上司が仲介役となり、部下と他メンバーの接触機会を積極的につくり、相互理解を深める」ことも、社会的受容につながります。

（4）松尾睦『成長する管理職：優れたマネジャーはいかに経験から学んでいるのか』東洋経済新報社

（5）ジョン・R・カッツェンバック『コミットメント経営』ダイヤモンド社
（6）田中淳子(2013)『ITマネジャーのための　現場で実践！若手を育てる47のテクニック』日経BP社
（7）Rosenthal, R. and Jacobson, L. (1968) *Urvan Review*, September, 16-20.
（8）中原淳『職場学習論』東京大学出版会

第 2 章
目標設定

STEP 2

ＯＪＴの第2ステップは、「目標設定」です。適切な指導行動を取るために、欠かせないステップです。左図に示したように「短期目標」「中長期目標」、あるいは「成果目標」「学習目標」という内容を決めましょう。無理な目標や、過度な目標では、決して良い結果は生まれません。手を伸ばせば届くような、力量より少し上の「ストレッチ目標」を設定することがポイントです。そして、その目標はバランスの取れたものであり、かつ部下にとって「腹落ちする」ものである必要があります。そして目標を実現するために、ＯＪＴ指導者は、さまざまな角度から支援します。

- **目標の種類を考えてバランス良く立てる。**
- **ストレッチするときの注意事項あり。**
- **目標に向かおうとする気持ちを高める。**

目標設定

目標の内容

- 短期目標と中長期目標
- 成果目標と学習目標

↓

ストレッチ目標の設定

- 1.2〜1.3倍のストレッチ
- やるべき、できる、
  やりたい目標
- エンジョイメント要素

↗

目標のコミット強化

- 因数分解で実現可能に
- 期待、励まし
- 熱く語り、本気を伝える

シーン

9

挑戦的な目標(ストレッチ目標)を部下本人に腹落ちさせられない

成長ゴールを設定することで、ナカムラくんには最近、やる気が出てきたようです。そこでヤマダさんは、さらに能力を引き出そうと、挑戦的な目標を与えることにしました。しかしナカムラくんは不満のようです。「なぜ、そこまでやらなければならないのか?」と言いたげです。

ベストプラクティス 9-1

本人と話し合い、ストレッチ目標を「やるべき目標」「できる目標」「やりたい目標」にする

仮に、目標が高水準の場合、**段階的に目標をストレッチすることも有効です。**「できるはずがない」というあきらめが生まれないよう、マイルストーンを設けてステップ・バイ・ステップで目標のレベルを少しずつ引き上げるのです。

その際、本人と話し合って、ストレッチ目標を「**やるべき目標**」「**できる目標**」「**やりたい目標**」に切り分けることも大事です。

本人が目標に納得していない場合、「(自分がそこまで)やる必要がない」「(目標達成)できない」「やりたくない(=取り組みがつらい)」といった思いを抱いている可能性があります。そのような思いを解きほぐすことが、腹落ちにつながります。

では、部下の思いを解きほぐすにはどうすればいいか。3つのパターンを挙げましょう。

①「やる必要がない目標」を「やるべき目標」に変換する

「なぜ目標のストレッチが必要なのか」という意味合いを、本人に認識させる必要があります。2つの考え方を紹介します。

・自組織の課題と結びつけてストレッチの意味合いを説明する(成果目標)

(例)「うちの部署は早急に◇◇から○○へシフトする必要があるので、ぜひ○○に取り組んで欲しい」

・本人の成長にとっての意味合いを説明する(学習目標)

(例)「ナカムラくんが希望する○○の担当となるためには、今のうちに▽▽を経験しておくといいいんじゃないか」

②「できない目標」を「できる目標」に変換する

「やればできそうだ」という自己効力感を本人に植え付ける**必要があります。**

（例）「A社への営業を、企画書作成、アポ取り、訪問し説明、条件すり合わせ、というように因数分解して取り組んだらどうだろう」

③「やりたくない目標」を「やりたい目標」に変換する

「ストイックな修業」ではなく、「エンジョイメントの体感」の要素があることを認識させる**必要があります。**

（例）「A社から受注を勝ち取るのは大変だけど、これに成功すれば他がぐんとやりやすく感じられるんじゃないかな。成長につながる、やりがいがある仕事だと思うよ」

日本人は「あうんの呼吸」を重視しがちなため「言わなくともわかるはず」と考える傾向にあります。しかし、**育て上手のマネジャーほど、目標の意味をしっかり説明すること**がわかっています。手間を惜しまず、ていねいに目標の持つ意味を説明することで、部下のやる気を引き出しましょう。

ベストプラクティス 9-2

適切なレベルのストレッチは本人の現有能力の1・2〜1・3倍が目安

ストレッチ目標とは、努力しなければ達成できない目標（少し背伸びをした適度に難しい目標）を指します。

まず、ストレッチの度合いが、本人の能力と見合っているかを検証しましょう。

ストレッチ目標の達成に向けて努力することが部下の成長を促しますが、それが「上（指導者）から押しつけられた目標」ではなく、**「自分自身（部下）が納得した目標」**となるよう本人に腹落ちさせることが大切です。

ストレッチ目標を設定する際には、あくまで部下本人の能力を基準とします。個人差はありますが、懸命に手を伸ばせば届くストレッチ目標の目安は、部下の現有能力の「1・2〜1・3倍」といわれています。あくまでも主観ですが、2〜3割増しの目標という意味です。

例えば、目標が現有能力の0・8倍であるとすると、それは「努力せずに達成できる目標ですから」、目標設定としては低すぎます。ですから、成長には結びつきにくい、といえます。一方、目標が現有能力の2・0倍だとすると、それは努力しても届かない目標ということになり、やる気を削いだり、身体を壊したりするおそれがあります。

目標が現有能力に照らして低すぎたり高すぎたりしないように、レベルを調整します。

OJT指導者が「この目標は1・2倍の目標」と思っていても、部下は「2倍の目標」と捉えている場合もあります。このギャップを埋めるために、現状の部下の能力と目標達成に求められる能力について、OJT指導者と部下とがしっかりと話し合うことが大切になります。

ベストプラクティス 9-3 ストレッチ目標への挑戦を「ストイックな修業」ではなく「エンジョイメント」させる

ストレッチの度合いが本人の現有能力の1・2〜1・3倍に設定されていて、かつ納得が得られているとして、それでも「つらい」と感じる場合は、どうすればいいでしょうか。

この場合は、ベストプラクティス9－1の最後で述べたように、**「エンジョイメント」で動機づける**ことが重要です。エンジョイメントとは、仕事自体に関心を持ち、やりがいや面白さを感じることで意欲が高まっている状態、および仕事をやり遂げることで達成感や成長感を自覚している状態を指します。

「エンジョイメント」で動機づける方策には、次のようなものが挙げられます。

①部下の価値観・意見を反映させた目標設定とする

(例) 日頃のコミュニケーションで部下の価値観・物の考え方を把握したり、面談で本人がやりたいことを傾聴し、それらを反映した目標を設定する。それにより、「上が決めた目標」ではなく「自分で決めた目標」とする。

②ストレッチ目標への挑戦の意味合いを伝え、本人に考えさせる

(例) ストレッチ目標への挑戦が、「MVP(使命・価値・誇り)」(ベストプラクティス2)の実現につながることを伝え、「組織の一員として自分も貢献したい」という部下の自負心を高める。

③ストレッチの中に本人が創意工夫できる余地（任せる部分）を組み込む

（例）目標の中に「任せる」部分を組み込み、「自分の考えで創意工夫しながら成果を出す」ことの醍醐味を伝える。指導者自身のそうした成功体験を語ることも効果的である。

どのような仕事でも、結果が問われる仕事である以上、歯を食い縛らなければならない局面はあります。自分の能力を上回る目標を設定するのであれば、なおさらです。ただし、それが「つらい」としか感じられないのでは、よい結果は生まれにくい。そこには少し指導上の工夫が必要だし、工夫の余地はある、ということです。

目標設定という仕事の初期段階において、労を惜しまずにていねいに部下とコミュニケーションすることが、その後の指導に良い影響を与えるといえるでしょう。

OJT
完全マニュアル

シーン 10

多様な目標を整理させることができない

ナカムラくんの不満の一つは、目標が多すぎることにもあるようです。確かに、「新規顧客訪問数○○件」や「新規受注○件」、あるいは「企画提案数○件」というように、さまざまな目標がありますそのために、仕事をどのように進めていいか混乱しているようです。

ベストプラクティス 10

短期目標と中長期目標に分け両者を常に意識させる

一口に目標といっても、さまざまなものがあります。部下が多様な目標を整理できるように支援したり、それらを巧みに組み合わせて、部下の成長に結びつけることが指導者の役割です。

まず、目標が多い場合、その目標を達成時期（時系列）で整理させ、短期目標と中長期目標に分けさせましょう。短期のみならず、中長期目標も意識させることで成長イメージを描きやすくなります。

短期目標…おおむね1年以内での達成を目指す目標、とするのが適当でしょう。短期目標を言い換えると、達成に向けて最善の努力をすべき当面の具体的目標といえます。

中長期目標…おおむね3～5年以内での達成を目指す目標となります。いわば「将来の成長イメージに結びつく目標」ということで、部下が新入社員であれば、一通りの業務を自分でできるようになる、すなわち「一人前になる」ことが、中長期目標となるでしょう。その場合、3～5年目の先輩をイメージして「○○さんのように、～ができるような人材になりたい」という具体的なロールモデルを設定すると有効です。

その当面のゴールに向けて、「一人前」の要件をブレークダウンして、個別具体的な課題に切り分けたものが短期目標といってもいいでしょう。そう考えると、中長期目標を意識させてから、短期目標を設定するのがいいかもしれません。将来のあるべき姿（中長期目標）を確認してから短期目標を話し合うことで、ストレッチ目標を設定しやすくなります。

シーン 11

目標は整理されているが成果が上がらないように思える

短期目標と中長期目標とに整理し直して、ナカムラくんは改めて仕事に取り組み始めました。ただ、ヤマダさんの目には、あまり成果が上がっているようには見えません。面談をしてみると、「売上目標の達成」と、そのための行動のことばかりを話すのも気になります。

ベストプラクティス 11

成果目標(業績目標)に加えて学習目標も意識させる

目標を時系列で整理するだけでなく、その内容(性質)でも分類・整理してみましょう。目標は、達成すべき業績だけではないはずです。部下の成長を促すためには、「成果目標(業績目標)」に加えて、「学習目標」を設定させ、本人に意識させることが有効です。

これまでの研究によれば、「学習目標」を持つ人ほど、学習意欲、業績、能力、創造性が高いことが報告されています。したがって、業務目標と学習目標がうまくマッチしているときに部下の成長が促されると考えられます。

成果目標は、他者から認められたいという思いと結びついています。

（例）「売上目標の数字をクリアしたい」
「○○のプロジェクトを成功させたい」

一方、知識・スキルの習得など能力の向上を目指す目標もあるはずで、これを学習目標と呼びます。学習目標は、成長したいという思いと結びついています。

（例）「経理担当として専門性を高めたい」
「顧客とのコミュニケーション・スキルを身につけたい」

この学習目標も、さらに短期目標と中長期目標とに分け、それぞれブレークダウンして個別目標を設定し、マイルストーンを設けることが成長のために有効です。

シーン
12

ストレッチ目標を実現可能なステップに落とし込めないでいる

ナカムラくんには、少し背伸びをしなければ手が届かない目標を課しました。言い換えれば、がんばれば達成可能な目標です。しかし、ナカムラくんには達成は難しい、できそうもない、と映っているようです。ヤマダさんはどうすればいいでしょうか?

ベストプラクティス12

仕事を因数分解することで、目標の実現可能性を部下に実感させることができる

ここでいう「仕事の因数分解」とは、ストレッチ目標の対象（成果目標における成果、学習目標における能力）を構成要素に分解することです。これによって具体的なレベルでやるべきことが明らかとなり、「できるところから一つずつ潰していけば、いずれはゴールにたどり着く」ということを部下に実感させることができます。

同様に、年間売上目標を一日当たりの売上目標に落とし込む、販売先一社当たりの売上

目標に落とし込む、というように目標を細分化することで、具体的な業務行動を描きやすくなり、目標の実行可能性を実感できるケースがあります。

例えば、営業担当者の成果の一つである「受注件数」を因数分解すると、「見込客数」「訪問率」「商談率」「受注率」に分けることができます。

このことから、成果目標（受注件数）の達成において、やるべきことが4つ明らかになります。

①訪問対象者リストというべき「見込み客数」を十分確保する
②「訪問率」を向上させ、十分な訪問件数を確保する
③「商談率」を向上させ、十分な商談件数を確保する
④「受注率」を向上させ、受注件数目標を達成する

さらに①〜④の具体的方策を明らかにし、それらが「できること」と認識させることで、

目標の実行可能性を実感させます。

また、「アンケート調査」の業務スキルを習得することを目標にした場合には、「調査票作成スキル」「調査実施スキル」「集計・分析スキル」に分けることができます。

この3つのスキルをさらに作業レベルに分解し、本人が「できる」と認識できれば、目標の実行可能性を実感できます。

一見、過大に見える目標も、このように構成要素を分けて考えると、なんとかできそうだと感じられ、落ち着いて取り組むことができるはずです。

OJT完全マニュアル

シーン
13
成長への期待感をうまく伝えることができない

当面の目標である仕事を因数分解してみて、ナカムラくんはがんばればできそうだ、と感じているようです。ヤマダさんは目標をクリアできるように励まし、支えたいと思うのですが、ついついプレッシャーを与える物言いになってしまい、思いをうまく伝えることができません。

ベストプラクティス13
期待の言葉に、励まし、後押し、願いの言葉を添える

ストレッチ目標を設定する際には、「この仕事を通じて成長して欲しい」という期待を言葉で部下に伝え、本人の成長意欲を高めます(「ピグマリオン効果」ベストプラクティス5)。期待を伝える際には、励まし、後押し、願いの言葉を添えることが有効です。

このようなメッセージには、「YOUメッセージ」「Iメッセージ」「WEメッセージ」の3つがあります。OJT場面では、「YOU↓部下」「I↓OJT指導者」「WE↓職場全

体」と考えます。

「**YOUメッセージ（相手のことを伝える）**」とは、「あなたが～できるようになって欲しい」「あなたならば～できるはずだ」というメッセージです。

「**Iメッセージ（自分の思いを伝える）**」とは、「私はあなたが～することを願っている」「何かあれば、私がサポートする」という期待です。

「**WEメッセージ（自分たちの思いを伝える）**」とは、「私たちはあなたが～することを願っている」「何かあれば、私たちがサポートする」というメッセージです。

また、ＯＪＴ指導者が本気で部下の成長を願っていることを伝えるためには、熱く語ることも必要です。熱く語ることで、言語のみならず非言語面からもＯＪＴ指導者の「思い」が伝わるからです。その際、ＯＪＴ指導者自身の成功体験を交えて語ることも有効です。

第 3 章
計画立案

STEP 3

ステップ3は「計画立案」です。これは建築に例えるなら基礎に当たる部分。設定した目標を、きちんと遂行するためのアクションプランを検討します。ここを明確にしなければ、堅牢な建物はできません。ＯＪＴ指導の局面では、成果に結びつきにくく、成長にうまくつながらないおそれがあります。ポイントは、全体像を見せ、実行案を立て、段取りさせて、仕事を任せること。そんな計画立案をするために、どうすればいいでしょうか。

- **まずは、計画の全体像を意識させる。**
- **その上で、優先順位をつけながら段取りさせる。**
- **任せ方を工夫する。**

計画立案

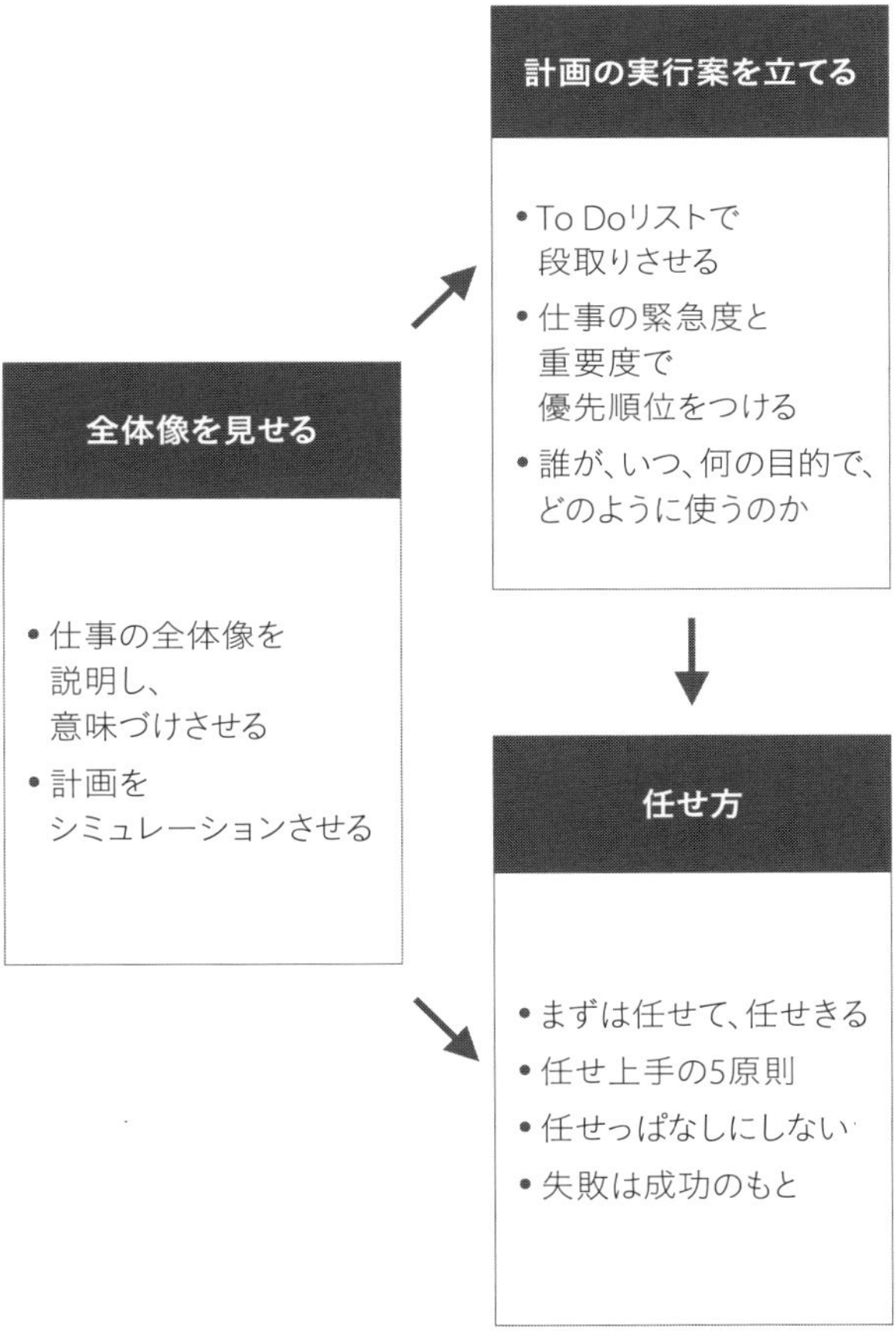
全体像を見せる
・仕事の全体像を説明し、意味づけさせる
・計画をシミュレーションさせる
計画の実行案を立てる
・To Doリストで段取りさせる
・仕事の緊急度と重要度で優先順位をつける
・誰が、いつ、何の目的で、どのように使うのか
任せ方
・まずは任せて、任せきる
・任せ上手の5原則
・任せっぱなしにしない
・失敗は成功のもと

シーン
14

仕事を通じた成長をイメージさせることができない

新入社員のカワイくんが、先輩のスズキくんに相談したそうです。「この仕事は、どういう意味があるんでしょうか?」。ヤマダさんが本人と面談し、その上で決めた目標であり、業務であるのですが、どうも自分の成長につながるという実感が持てないでいるようです。

ベストプラクティス14

仕事の全体像や背景を説明し、本人に仕事への「意味づけ」をさせる(センスメイキング)

指導者には「この仕事をやり遂げることで、どのような能力が身につくのか」を部下に意識させながら、計画を立案させることが求められます。

計画立案の前に、まず仕事の全体像や背景をきちんと説明し、部下本人に「仕事への意味づけ(センスメイキング)」をさせます。

意味づけを行うことで、部下が「この仕事をやり遂げれば、○○の能力が身に付くはずだ」という成長イメージを抱くことができ、仕事の遂行への動機づけ（やりがい）になります。

意味づけの例と望ましいプロセスを挙げます。

①指導者が以下の項目を説明する

・なぜ、その仕事が必要なのか
・なぜ、その仕事はそのようなやり方なのか
・この仕事の前後にはどのような仕事があるのか（仕事の全体像はどうなっているのか）

②その上で、部下本人に考えさせる

・この仕事を遂行することで、その経験が自身の成長にどう役立つのか

仕事の意味づけが弱いと、部下は「大変そうな仕事だなぁ。面倒なので、あまりやりたくないなぁ」と積極的に仕事に取り組む意欲がわきません。

きちんと仕事の意味づけをすると、「この仕事をやり遂げれば、○○スキルが向上する。大変だけど、最後までやり遂げよう」と、喜びとやりがいを見出すことができます。

シーン

15

仕事で起こり得る事態を予見させることができない

スズキくんが、ちょっとしたミスをしました。顧客に対する連絡を怠り、クレームをもらったのです。業務の手順を考えれば、その連絡は不可欠でした。このようなミスを回避するには、どうすればいいでしょうか。

ベストプラクティス15

計画のシミュレーションで予見させる

「予見計画力」が高い計画立案は、高い実行可能性を持ちます。「予見計画力」とは物事の本質を見きわめ、これから起こり得ることを予見した上で仕事の段取りを組むことです。要は、仕事の「先読み」や「見通しを持つ」ことを意味します。

また、予見計画力は「経験から学ぶ力」の重要な要因であることが、これまでの調査で判明しています。計画立案段階において、部下の予見計画力を高める指導が望まれます。

予見計画力を高める有効な方策は、指導者が発問しながら、部下に計画をシミュレーションさせることです。

（例）「このとき、どのような作業を、どのような順序で行う？」

「この作業で留意すべきことは何？」

「もし、ここで～の事態になった場合、どうする？」（※リスク要因の事前検討）

「作業の流れを簡単に書き出してもらえる？」（※計画の「見える化」）

このように問いかけることによって、良いシミュレーション（起こり得る事態を予見できること）が可能になります。逆に、うまくシミュレーションできないのであれば、起こり得る事態を予見できていないことになります。この場合は、計画の不備を修正させる必要があります。「To Doリスト」を活用し、やるべき作業を列挙させ、「漏れや抜けがないか」「優先順位やスケジューリングに問題はないか」といった仕事の段取りを部下本人に考えさせることも「予見計画力」の向上につながります。

大事なことは、何回も同じように問いかけることで、言われなくとも、部下や後輩が自主的に考えることができるように習慣化することです。

シーン

16

仕事の優先順位を意識させることができない

スズキくんの連絡ミスは、企画書づくり、カタログ送付、見積書作成といった同時並行する業務の中で起こったことがわかりました。ヤマダさんは「仕事の優先順位を常に明確にするように」と、何度も言ったはずなのですが、なかなか身につかないようです。

ベストプラクティス16

仕事の「緊急度」と「重要度」を意識させる

仕事の段取りを部下に考えさせる上で、仕事の優先順位づけを意識させることは重要です。部下が何から着手すべきか混乱している場合、**仕事の「緊急度」と「重要度」を意識させ、優先順位を検討させます。**

その際、「緊急度×重要度マトリックス」の活用が有効です。

業務の緊急度と重要度の2軸に基づき、現在抱えている仕事をA〜Dの枠に整理し、それらの優先順位を決めます。部下が緊急度と重要度の判断について迷うようであれば、対話の中でアドバイスをします。

緊急度と重要度がともに高い業務（A）が最優先で、次は緊急性が高く重要度が低い業務（B）、ということになり、以下C→Dと続きます。

これに加えて、「誰が、いつ、何の目的で、どのように使用するのか」を理解させることも大事です。

例えば、資料作成等の場合であれば、「成果物を誰が、いつ、何の目的で、どのように使用するのか」を理解させた上で、作業

緊急度×重要度マトリックス

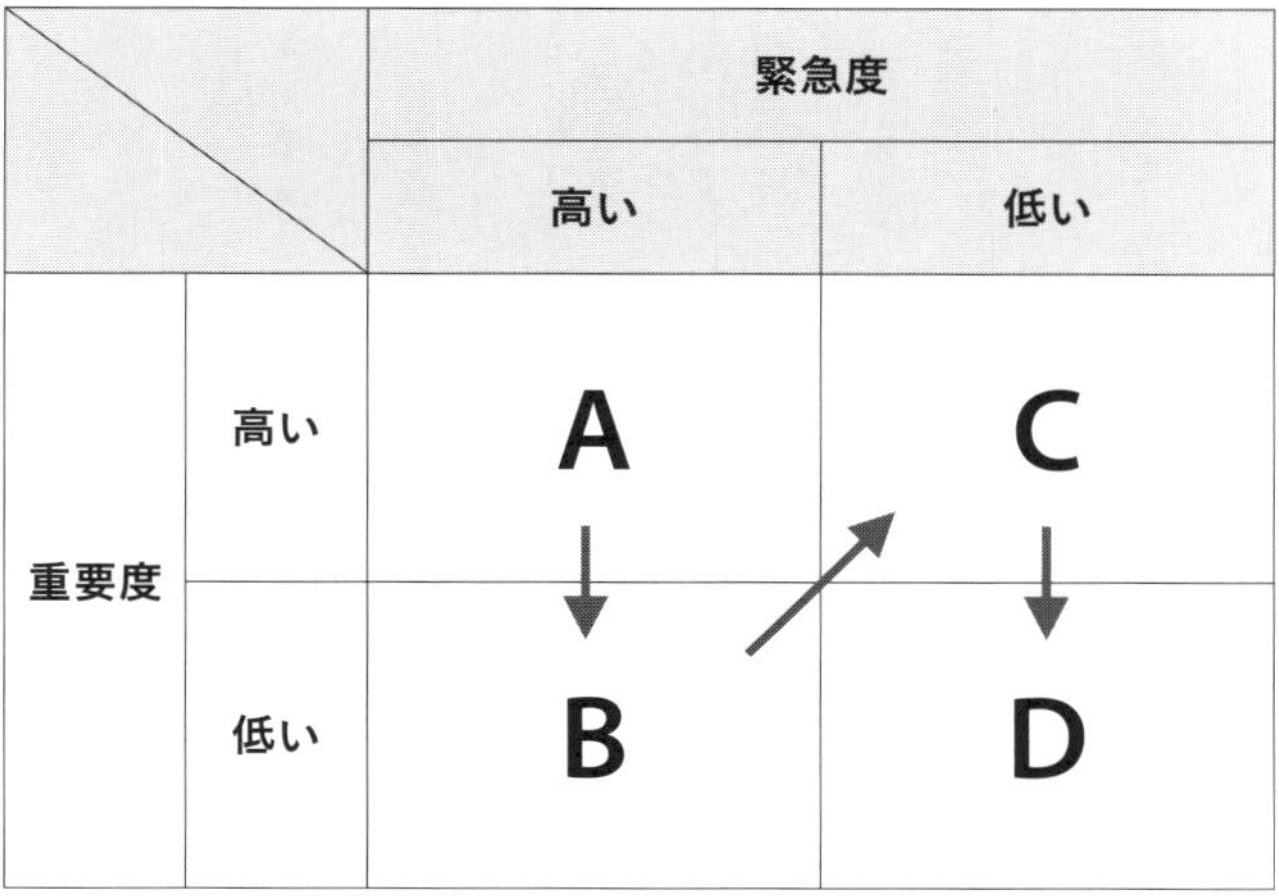

を開始させるのです。

以上のように、仕事を計画する段階において「仕事の全体像や背景を説明し、見通しを持たせ、仕事の優先順位を意識させること」は、それ以降の業務遂行をスムーズに進める上でも大切になります。仕事のスタート段階における指導をおろそかにしないように気をつけてください。

シーン

17

権限委譲（任せること）ができない

ミスが多いため、なかなかスズキくんに仕事を任せることができません。「危なっかしくて任せられない」と思ってしまうのです。一人前になってもらうために、ヤマダさんはそろそろ大幅に裁量を持たせたいと考えているのですが。

ベストプラクティス 17-1

まずは「任せてみる」、能力アップしたら「任せきる」(9)

部下を成長させるためには、成長スピードに合わせて仕事を「任せる」ことが必要です。特に目標を達成した部下には、目標のストレッチの意味合いも込めて積極的に「任せる」ことが大切でしょう。

ただし一口に「任せる」といっても、その任せ方のレベルに配慮する必要があります。

2つの任せ方を挙げましょう。

「任せてみる」

(例)・イベント運営の中で「受付業務」を任せる

・議事録作成の役割を与えるが、都度細かくチェックする

「任せきる」

(例)・○○アンケートの業務全般を任せる

・アンケートの企画・実施・集計/分析という一連の流れを部下本人の裁量に委ねる

いきなり「任せきる」のは不安でも、このように段階を踏むなら大きな失敗は未然に防げます。部下にとっても、いざというときの支えがあることがわかれば、失敗を恐れずにチャレンジすることができるでしょう。そんな経験の積み重ねによって業務に習熟し、大きく仕事を任せることが可能になります。

ベストプラクティス 17-2

「任せる」ことはしても「任せっぱなし」にしない

口出しせずとも「しっかり見守っている」ことを本人に認識させ、心理的安心感を与えることが大事です。経営の神様と呼ばれた松下幸之助氏は、「任せて任さず」という言葉を残しています。この言葉は、部下に仕事を任せるとき、相手の主体性を尊重するが、必要に応じて適切な助言・助力を行うことも大切であることを説いたものであり、仕事の任せ方の本質を言い当てています。

悪い任せ方の例と、良い任せ方の例を挙げます。

× 任せたからには、部下が何とかするのでＯＪＴ指導者は一切関与せず、報告も求めない。

○ 任せたといっても、ＯＪＴ指導者は常に部下の行動をモニタリングし、見守っているサインを送り続ける。また、困難に直面すれば、適切なスタンスで関与する。

ベストプラクティス17-3

「任せ上手」の5原則を実践する

「任せ上手」の5原則とは、次のようなものです。

①本人の能力よりも少し上の仕事を任せる。（適度なストレッチをして任せる）

②任せる仕事の全体情報とゴールイメージを共有すると同時に、任せる範囲を明確にする。

③任せた後もしっかり見守り、必要に応じて助言する。（ベストプラクティス17－2）

④任せた後の細かな指示は最小限にする。（プロセスの自由を与える）

⑤任せたことを周囲に伝え、支援体制をつくっておく。（ベストプラクティス7）

このように任せ方にもさまざまあり、部下の習熟度に合わせて、やり方を工夫する必要があるでしょう。

シーン 18

再挑戦への動機づけができない

意欲的なストレッチ目標を設定していたタナカくんが、上期は目標未達に終わりました。仕事ぶりそのものは悪くありません。次期の目標も、同じように高く持って欲しいと思うのですが、本人はやや落ち込み気味であり、ヤマダさんはどのように動機づけすればいいか迷っています。

ベストプラクティス18

マインド・リセットさせた上で、「失敗は成功への通過点である」ことを本人に認識させる

目標未達に終わった場合、目標に再挑戦させる必要があります。その際、目標未達に伴う部下本人の不満・落ち込み等に配慮しましょう。

本人の不満・落ち込み等に配慮してマインド・リセットさせることが肝要です。このシーンでは、まずタナカくんの話を、じっくり聞くことが大切です。その上で、失敗してもその経験から学んだことで本人が成長していることを認識させ、学んだ教訓を次回に活か

せば、成功に到達できると励まします。

ＯＪＴ指導者自身の経験を踏まえた励ましの例を挙げましょう。

（例）「私もタナカくんの年齢の頃、○○で失敗して落ち込んだことがあるよ。でも、今思い返せば、その失敗を乗り越えた経験が今の自分の自信につながっていると思う。きっとタナカくんも今回の○○という教訓を次回に活かせば、必ずリベンジできると思うよ。ぜひ、もう一度挑戦してくれることを期待しているよ」

失敗から教訓を抽出し、次の機会にはやり方を修正して取り組む。その繰り返しが経験学習サイクルであり、成功と成長へのカギになります。そのことを経験談に織り込んで伝えることで、リアルに感じてもらえればベストです。

シーン
19

新入社員の作業時間見積もりが甘い

ある日の朝、ヤマダさんは新入社員のカワイくんに、夕方に使う簡単な営業資料の作成を依頼しました。本人は「その程度の資料であればすぐにできます」と言いました。しかし、ヤマダさんが夕方外回りから戻ると作業は完了しておらず、結局残りを手伝うはめになりました。

ベストプラクティス19

時間を基準に「わかっている」と「実際にできる」のギャップを認識させる

カワイくん本人は自分の頭の中で事前に作業をシミュレーションし、納期までに十分間に合うと思っていたのかもしれません。しかしながら、カワイくんの作業時間の見積もりが甘く、結果として納期オーバーになったと考えられます。予見計画力が不足していたという事例です。

予見計画力を高めるためには、こうした仕事の時間見積もりの精度を高めることも大切です。時間見積もりの精度が向上することで、日々の仕事を効率的に進めるタイムマネジメントが飛躍的に向上するはずです。

しかしながら、時間見積もりの感覚は実際に経験してみないと養われない面もあります。いくら事前にうまくシミュレーションできても、「わかっている」ことと「実際にできる」ことの間には大きなギャップがあるためです。

カワイくんのような経験の乏しい新人の場合、「わかっている」けれど、実際には「できない（手間取る）」ことを本人に認識させ、そのギャップ解消に取り組みながら、時間見積もりの精度を高めていくことが成長加速につながります。

シーン20のようなケースで、**「カワイくんの感覚で、この作業であれば何時間でできそうかな」のように時間見積もりを事前に自己申告させ、実際の作業後に時間見積もりの精度を検証させることで、課題意識を植えつけやすくなります。**おそらく最初のうちは「見積もり時間＜実際の作業時間」となることが多くなるはずですので、その改善策を本人に検討させることで、「考えながら仕事をする」習慣も身につけやすくなります。

このように、仕事の計画段階で時間を強く意識させることが、深い内省とさまざまな学びの抽出に結びつきます。

シーン 20

部下に手本を示したいが望む通りに受け入れられない

ある業界向けの営業を強化することになり、タナカくんとスズキくんを担当に指名しました。ヤマダさんは2人に同行し、手本を見せたいと思っています。しかし、タナカくんは「見なくても自分で何とかします」、スズキくんは「同行よりマニュアルをください」という反応です。

ベストプラクティス 20

「型」を学ぶことの重要さを教え、応用させ、抜けさせる

「手本を示す」ことは基本的な部下指導の方法の一つです。

日本の古典芸能を学ぶ際に重視される「守・破・離」の考え方は、師匠が示す「型」を習得し、その「型」を実践の中で試した上で「型」から抜け出し、自分の手法を編み出すことで独創的な仕事が生まれるというものです。手本を示すことは、「守・破・離」の「守」に相当します。

このシーンでは、ヤマダさんは手本を示すことで、まずこの業界向け営業アプローチの「型」を習得させたいと考えています。

それに対して、タナカくんは型など習得せずとも、自分のやり方を生み出せると思っています。したがって、**型を学ぶ大切さ**を理解させる必要があります。

また、スズキくんは型を習得する意思はあるようですが、それに依存しすぎると型から抜け出せなくなるおそれがあります。そこで、**自分独自のやり方を生み出さないと成長しない、**と認識させる必要があります。そのためにも、二人に「守・破・離」の考え方を説明するとよいでしょう。

「守・破・離」の考え方

「守」…先人が積み重ねてきた型を模倣し、習得すること

「破」…自分なりの工夫を重ねて努力をすること

「離」…自分独自の技術を生み出すこと

シーン

21

仕事を細かく指示したら、本人の意欲が低下した

ヤマダさんは、タナカくんに営業イベントの企画書づくりを依頼しました。作業しやすいように、類似イベントの企画書を見本として渡し、それに則ってページ構成、内容、書式などを細かく指示しました。しかし、指示をメモするタナカくんの表情はつまらなさそうです。

ベストプラクティス21

本人の創意工夫に任せる部分を意図的につくる

このヤマダさんの指導は、「線路型指導」（↓ベストプラクティス3）の典型です。このような指導では部下に裁量の余地はなく、部下からすれば、「決められたことを手順通りにやるだけのつまらない仕事」と映るかもしれません。

特にタナカくんのような能力が高く、自分の仕事のやり方に自信も持ってきているタイプは、やらされ感でいっぱいになるでしょう。

このシーンでは、やはり「考える余地」を与える「ガードレール型指導」（→ベストプラクティス3）が求められます。考える余地を与えられることで、「つまらない仕事」が「やりがいのある仕事」となり、エンジョイメントを引き出すことができます（ベストプラクティス9－3）。

例えば、過去の企画書をガイドラインにページ構成、内容、書式などの詳細は本人に任せるというようなことです。あるいはタナカくんのような自信家タイプには、「見本で渡した企画書は文章や数字ばかりだから、図解やグラフを交えた資料にしてもらえると助かるよ」というような伝え方で、既存資料のグレードアップを示唆しながら、本人の創造力を刺激する方法も効果的です。

また、部下の能力レベルを考慮し、すべて本人の裁量に任せるのは酷と判断したならば、全体のうち数ページのみ本人の裁量に任せる、というやり方でもいいでしょう。

（9）博報堂大学編(2014)『「自分ごと」だと人は育つ』日本経済新聞出版社

第 4 章
計画の実行

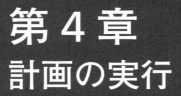

STEP 4

ステップ4は「計画の実行」です。PDCAのうちのDo、つまり業務遂行のプロセスです。ここでは、部下が主体的に仕事を進める過程において、OJT指導者がどのように行動するか、サポート力が問われます。

基本的にはコミュニケーションを維持することが肝要です。部下に対して日々、声をかけ、話を聴き、アドバイスを必要に応じてする。それが「計画の実行」プロセスのポイントです。

- **日々の声かけが基本である。**
- **面談でしっかり聴く。**
- **職場全体で共有しながら、提案させ、ときに失敗させることも必要。**

計画の実行

声かけ

- 声かけ
- 声かけしやすい仕組み

↓

聴く

- 聴ききる
- こまめな話し合い
- 異変を感じ取る

↗

共有・相談

- 進捗を職場全体で共有する
- 提案型で相談させる
- 場合により成果より経験を優先

シーン
22
日々の行動を観察できていない

入社2年目のナカムラくんの仕事が繁忙になってきました。ストレッチ目標のクリアに向かって、大事な局面です。しかし、ヤマダさん自身も忙しく、まったく顔を合わせない日もあり、ナカムラくんも不安になっているのではないかと心配です。

ベストプラクティス22
「私は常にあなたのことを見守っている」というサインを部下に送る

自身の業務が忙しいことを理由に、部下と向き合うことをさぼらないことが大事です。OJTが上司に課せられた重要な業務であることを再確認しましょう。

育て上手のOJT指導者は、部下と頻繁にコミュニケーションすることを心がけ、「手をかける」よりも「**目をかける**」、「教えさとす」よりも「**聴く**」を重視する傾向があります。

その意味で、常に部下の行動を見守る姿勢が大切です。忙しくて部下を直接指導できないときでも、「あなたのことを見守っている」というサインを部下に送ることはできます。

この「見守り」サインを感じることができれば、それだけで部下は心理的に安心します。

逆に、そうしたサインがなければ、部下は「自分は放置されている」と感じ、孤独感に囚われるおそれがあります。ベストプラクティス7で述べたようにOJTを面展開していれば、上司に代わって他メンバーがフォローをしっかり行うことで、間接的に「見守り」サインを送るやり方もあります。

「見守り」サインの送り方

視線を送る　声かけする　日報のフィードバックを必ず行う　メモを残す、メールする
他メンバーに指導をお願いする（間接的に「見守り」サインを送る）

仕事ですから、そのときに置かれた状況はさまざまです。できる範囲で最大限の指導を心がけるべきですが、職場に張りついていなければ指導ができないということはありません。そう考えれば、OJT指導者であるあなた自身も、気が楽になるのではありませんか？

シーン

23

声をかける時機を逸してしまう

ヤマダさんは、折に触れて声かけをしようとは思っています。でも、目の前の仕事に追われていると、つい声をかけそびれてしまうことがしばしばあります。注意を払うべき部下が5人もいることも、時機を逸してしまう原因の一つでしょう。どうすればいいでしょうか。

ベストプラクティス 23-1

毎日、決まった時間に声をかける

朝のあいさつでも、帰りのあいさつでもかまいません。職場の仕事パターンに応じて、決まった時間に声をかけてはどうでしょうか。義務として声をかけるのではなく、**習慣化**するのです。ランチに一緒に行くとか、仕事の合間に雑談をするとか、そんな行動もすべてコミュニケーションの機会です。

声かけは、「私はあなたに関心を持っている」ということを示すものです。したがって、まとまった訓示のようなものばかりでなく、あいさつ、さりげない日常会話、雑談も含めて、上司から声かけし、部下への関心を表明することが大切になります。

部下からの報・連・相を待っているだけでなく、上司の方から積極的に声かけしましょう。上司の積極的な声かけが、部下の報・連・相を促す効果があります。

早めの声かけが、問題の未然防止や解決につながります。日頃から部下の行動を見守り、何か変化があったとき、何か起こりそうなときには意識して早めに声かけをしましょう。

ベストプラクティス 23-2

部下に声かけしやすい仕組みをつくる

仕組みといっても、大げさなことではありません。

あるマネジャーの例ですが、部下の席の横にアメやお菓子を置いておき、それを取る際に部下に声かけをするのだそうです。(10) これなら、時機を逸することはありませんね。ほかの職場メンバーも声をかけることができる、いい仕組みだと思います。

シーン 24

業務の進捗を正しく確認できない

5人の部下は、それぞれ担当顧客を持って仕事をしており、ヤマダさんにとって常にそれぞれの業務の進捗を正しく把握することが難しい状況です。このような場合、どのように対応すればいいでしょうか。

ベストプラクティス 24

定期的なミーティングで部下の話をしっかり「聴ききる（Listen,Listen,Listen）」

定期的にミーティングを行い、部下の話をしっかり「聴ききる」ことが大事です。

上司は「聴ききる」ことで、部下の考えや取り組みを正しく把握できるので、適切なアドバイスやサジェスチョンを送ることができます。「聴ききった」と思えた後に少しだけアドバイスする、という姿勢が望ましいでしょう。

一方、部下は「聴ききってもらう」ことで、上司を信頼し、アドバイスやサジェスチョンを素直に受け入れるようになります。

聴ききっていない指導と、聴ききる指導の違いを見てみましょう。

× 聴ききらないうちにアドバイスする（アドバイスが部下の心の中に入らない）。

× 部下の話がズレていると思ったら、話の途中でも、その場ですぐに指摘する。

○ 聴ききってからアドバイスする（アドバイスが部下の心にスーッと入る）。

○ 部下の話がズレているなと思ったら、その場で指摘せず、メモを取って後から指摘する。

また、必要であれば、定期ミーティング以外に、こまめに話し合うことも大事ですし、部下の異変をやり過ごさない注意も求められます。

朝礼等で部下の目標達成度や業務進捗のシーンを発表させたり、日報内容を職場全体で共有し、他メンバーもほめる、励ますといったフィードバックをすることも有効です。

シーン 25

考えて実行させたり、臨機応変に実行させることができない

カワイくんが、「○○社が再契約しないと言ってるんですが、どうすればいいでしょうか」と質問してきました。以前にも似たようなケースがありました。わからないことがあると人に聞く癖がつき、自分で考える姿勢に乏しい点に、ヤマダさんは物足りなさを感じています。

ベストプラクティス 25-1 効果的に発問し、本人の考えを述べさせる

考えて実行させるためには、効果的に発問して本人の考えを述べさせることが大切です。発問は、相手に考えさせるために意図的に問いかけるものです。効果的に発問するためには、**クローズ質問とオープン質問**を意図的に使い分けることが大切です。

クローズ質問とは、「はい／いいえ」「やる／やらない」のように回答の範囲が限定され

る質問です。クローズ質問には、①相手が簡単に答えられる、②結論が明確になるといった特長があります。また、「実際に～したの／していないの」のような質問で、事実と意見を切り分けたい場合にも有効です。ただし、クローズ質問を重ねすぎると、質問されている相手が問い詰められているような印象を受けるおそれがあるので注意が必要です。

一方、オープン質問は「～についてどう思う」「～をどうしたいの」のように回答の範囲が限定されない質問です。オープン質問には、①主体的に考えさせることができる、②深く考えさせることができるといった特長があります。ただし、本人の頭の中が整理されていないと、回答に詰まってしまうおそれがあります。

「どうすればいいですか」などと丸投げ型の癖がある部下に対しては、**まず簡単に答えられるクローズ質問で問いかけ**、話の構造や論点を明らかにすることが有効です。そうした質問を通じて部下本人の頭の中が整理されてきたならば、オープン質問で問いかけ、論点について深く考えさせます。そして、本人の中で結論の方向性が定まってきたならば、「カワイくんは、～したいということだよね」のようなクローズ質問で話を収束させることで、本人が自分で結論を導き出すことができます。

ただし、ここで話を終わらせてしまうと、部下は上司にうまく言いくるめられたような印象を受けるかもしれません。そこで「私もカワイくんの考えに賛成だよ」「私も同じ考えだから、それでやってみようよ」のように、上司として同意、励ましの言葉をかけ、本人が導き出した結論を後押ししてあげることを忘れないようにしましょう。

ベストプラクティス 25-2 丸投げ型ではなく、提案型で相談させる

実行中に疑問等が生じた場合、部下には「どうすればいいですか」という丸投げ型ではなく、**「～したいと思うのですが、いかがでしょうか」という提案型**で相談させます。

丸投げ型の癖がある場合、ヒントを与えて自分で調べさせたり、考えを整理させる機会を意図的に与えます。

具体的には、次のような指導が有効です。

（例）「○○についてどうしたらいいですか」という丸投げ型相談に対して、「じゃあ、あなたはどうするべきだと思う？」と返すことで本人に考える癖を植えつける。

（例）部下が提案型で相談することに慣れていない場合、発問を交えてどのような選択肢があるのかを考えさせる。

（例）部下の相談が要領を得ない場合、相談内容や本人の考えを一度文章でアウトプットさせ、整理させる。


このシーンのカワイくんのような新入社員の場合、本人が過去に経験していない状況に対しては、どうすべきか教えてあげないと酷かもしれません。しかし、過去に教えたことを何度も質問してくる状況であれば、それを思い出させる意味も含めて、本人に考えさせることが大切です。たとえば、「今回の件は、前にカワイくんが担当した○○の件に似ていないか。あのときは、どのように対処しただろうか」のような発問が有効です。

ベストプラクティス 25-3

場合によっては、成果よりも経験を優先する

新入社員の場合、成果よりも経験を優先し、ある程度の失敗を織り込んで業務実行させることも必要です。計画に縛られすぎて、行動の質が向上していない場合、余裕を持った計画に軌道修正し、行動の質を高めることで成長を促します。

例えば、次のような指導が考えられます。

（例）営業職の新人が、行動計画に示された訪問件数をクリアすることを重視するあまり、訪問先でお客様の話をじっくり聴くことがおろそかになっていた。そこで、訪問件数を気にするよりも、お客様の話をじっくり聴くことを優先するように指導し、少し余裕を持った行動計画に軌道修正させた。

ＯＪＴ指導者の側も、部下のパフォーマンスを見ながら、計画にこだわりすぎない柔軟

な姿勢もときには必要になります。一見、遠回りのようでありながら、軌道修正によって、行動の質が上がり、結果も伴ってくる可能性があるのです。

シーン
26

進捗を管理しすぎたら、部下がやる気を失った

最近のヤマダさんは、入社2年目のサトウさんが担当している案件の進捗が気がかりです。サトウさんを頻繁に呼び、「~の件、どうなった」「どうして、~の件が進まないの」と進捗をチェックしています。プレッシャーのせいか、明るいサトウさんの表情が最近は曇りがちです。

ベストプラクティス26

過度の管理志向は部下を潰しかねないので避ける

ヤマダさんの指導行動は、過度の管理志向に陥っているおそれがあります。松尾睦 北海道大学大学院・経済学研究科教授とダイヤモンド社の共同研究で、過去に部下を潰したり、問題を起こしたことのある上司・先輩の指導行動を調査した結果、部下の成長を妨げる問題行動の一つが過度の「管理志向」であることが明らかになっています。

このシーンのようにマイルストーンを詳細に設定し、部下の行動を厳密にチェックす

ぎると、部下が潰れてしまうおそれがあります。部下の立場で考えると、行動を厳密にチェックされ、成果に対するプレッシャーを受けている状況は、実に窮屈かつストレスフルです。企業である以上、業績という成果を残す必要はありますが、その管理が行きすぎると、部下にとって仕事はつらいもの、つまらないものとなり、やる気が失せてしまうかもしれません。また、部下のタイプによっては、大きなストレスを抱えることで、心身の不調に陥るおそれすらあります。

ここでのヤマダさんの最大の関心事は、商談成約という「業績」にあり、商談を通じたサトウさんの「成長」に対する関心は低いように感じられます。このようなスタンスで部下と接しても信頼関係は生まれないでしょう。

部下指導でこまめな話し合いは重要です。ただし、それは業績へのプレッシャーで部下を問い詰める場ではなく、**部下を支援し、部下の成長を促進するための場**である点を忘れないようにしましょう。

「潰し屋上司」とならぬよう、過度の「管理志向」には気をつけましょう。

シーン
27

何も考えず、漠然とルーチンワークをこなしている

ここ数カ月頻繁に営業イベントを開催しており、カワイくんが配付資料を封入する仕事を任されています。カワイくんは作業しながら、「こういう何も考えない単純作業って退屈ですね」とぼやいています。それを聞いたヤマダさんは「このままでは良くない」と感じました。

ベストプラクティス27

行動しながら内省させ、内省しながら行動させる

カワイくんの行動で問題なのは、自分の仕事を「**考えなくていい仕事**」と決めつけ、創意工夫することを放棄している点です。

たとえルーチンワークであっても、本人に考える意思があれば、作業効率を改善する、封入漏れなどのミスが発生しない作業のチェック方法を考えるといった創意工夫ができるはずです。また、自分が封入している資料の先には、来場者が存在します。そこで「どの

ような来場者が来るのだろうか」「来場者はこの資料を見て、どのように感じるのだろうか」とイメージを膨らませることで、やりがいや面白さといったエンジョイメントを見いだすことができます（ベストプラクティス9‐3）。

このように一見してルーチンワークに思えるような仕事であっても、仕事の背景や意味を考えることで、業務を効率化したり、そこにやりがいを見いだすことができます。そう考えると、「考えなくていい仕事」と自分で勝手に決めつけているカワイくんは、自ら成長の好機を逸していることになります。

このため、ヤマダさんはカワイくんに対して、どのような仕事であっても、考えながら行動することができる点や、行動しながら内省すること、内省しながら行動することが自身の成長につながる点を教える必要があります。そのためには、ベストプラクティス14で述べたように、仕事の全体像や背景を説明し、本人に仕事への意味づけをさせる「センスメイキング」が重要となります。

「行為の中で内省する」ことは仕事からエンジョイメントを引き出す効果を持つと同時に、目標をストレッチするためのベースにもなります。行為中に内省することで「〜を工夫すれば、もっと〜できそうだ」という思いが芽生えやすくなるためです。

（10）田中淳子（2013）『ITマネジャーのための　現場で実践！若手を育てる47のテクニック』日経BP社

第 5 章
トラブルへの対処

仕事には失敗がつきものです。特に若手社員には、自分一人では解決が難しいトラブルを抱える局面があり得ます。そんなときにどうするか。「任せる」から「全面的に関与する」まで、取り得る行動はさまざまですが、部下を孤立させないサポートと、時宜を得たフォローが必要になるでしょう。適切なサポートとフォローがあれば、失敗は貴重な学びとなり、成長へのきっかけにもなります。

上司として実態を知る必要がありますが、まず相談しやすい雰囲気をつくります。それでなくても失敗は話しづらいもの。圧力を感じさせてはいけません。その上で、問題を見える化するなどし、対処法を考えましょう。

自信を失いかけている若手に対しては、成功体験を振り返らせるなどの方法で「自己効力感」を高めることが必要です。

▼まずは、相談しやすい雰囲気をつくることが大事。
▼その上で、相手を中心に問題を見える化し、状況に応じて支援の程度を変える。

STEP 5

トラブルへの対処

相談しやすい雰囲気づくり

- 受容、傾聴、共感
- 放置しない
- 悩みを聴いてくれると思わせる

↓

問題への対処法

- 問題の見える化
- 事実だけでなく、意見・感情
- ヒントで考えさせる
- 相手に応じて、支援を変える

シーン

28

トラブルを抱えた部下に、どう接するべきか

サトウさんがトラブルに直面しています。顧客から特別な対応を要求され、今日中に返事をくれないと商談を白紙に戻すと打診されました。対応するためには、社内外でさまざまな調整を行う必要があります。「大変です」と慌てた様子のサトウさんが、ヤマダさんに相談しました。

ベストプラクティス 28

本人の気持ちを落ち着かせることを優先させる

部下にトラブルが発生した場合、その問題解決を支援することは上司の重要な仕事です。その意味で、トラブルが発生したら、**部下が迷わず上司に相談する関係・雰囲気をつくる**ことが円滑なトラブル解決の第一歩となります。プライドの高い部下や人に頼ることが苦手な部下などは、相談せずに問題を抱え込み、自分一人で解決しようとするケースがあるので注意しましょう。

また、部下の成長を考えた場合、トラブルを乗り越える経験は、本人の成長を促進する好機となります。「大変だったけれど、なんとか克服できた」という達成感が、部下本人に自信を植えつけ、「やればできる」という自己効力を高めます。

したがって、トラブルに直面した部下に対しては、問題解決への支援を図りながら、自力でトラブルを乗り越える、一皮むける経験の機会を提供することが本人の成長を促します。その際、部下の能力レベルや業務の重要度に応じて、支援スタンスを使い分けることが重要です。

また、トラブルに直面する部下は、その心理的負担から大きなストレスを抱えているおそれがあります。ストレスで気待ちが不安定な状態のままトラブル解決に取り組むと、冷静さを欠き、勝手で思い込みにより、問題解決が誤った方向へ進んでしまうおそれがあります。したがって、部下がストレス状態にある場合、トラブルの解決を焦らず、**まず本人の気持ちを落ち着かせる**ことを優先すべきです。そのためには、カウンセリング・マインドで部下の葛藤を和らげてあげることが有効です。

その際、次のようなステップで対処すると、葛藤を和らげることができます。

ステップ1　受容…相手を受け入れる

・相談を受けたら、「あなたの悩みを聴きますよ」という態度を示す。

・話を聴く時間枠をきちんと決める。部下に「自分のために時間を確保してくれた」という感覚を持たせることが大事。

・部下に冷静に考えさせたい場合、当日には相談を受けず、翌日に時間設定した方が、冷静に考える余裕を持たせることができる。

ステップ2　傾聴…ひたすら耳を傾ける

・部下の話を受け入れる。「それは違うよ」と話を否定することは避ける。

・部下の話を真剣に聴き、途中で遮らず最後まで聴ききり、できればメモを取る。

・部下の話に関心を示す（話を深く聴く）。

（例）「なるほど」「そうか」「わかるよ」と相づちを打つ

「〇〇だったんだね」と相手の話をオウム返しで返す

「それでどうなったの」「それをどうしたいの」と続きを促す質問をする

※表情・視線・動作といった非言語情報も読み取る（落ち込んでいる、焦っている等）。

ステップ3　共感…相手の気持ちを理解する

・部下が主観的に感じていることに「共感」する。ただし、イエス／ノーでは返さない

（例）部下から「取引先の担当から○○って言われたんですけど、そんな言い方ってないですよね」と言われた。

×「そうだね」「いや、それは違う」　↑　イエス／ノーで返す

○「なるほど、そう感じたんだね」「大変な経験をしたね」↑イエス／ノーで返さない

※この段階では具体的なアドバイスはしない。

このステップを繰り返すことで、部下の気持ちを落ち着かせます。

その間、部下は相手の話を素直に受け入れることができないので、アドバイスをしてはいけません。本人が冷静になった段階で、初めて解決に向けた話し合いをします。

シーン
29

相談しやすい雰囲気をつくることができない

ナカムラくんが、取引先からクレームを受けました。問い合わせへの対応に不手際があったようです。本人に確かめると、「ちょっと相談しにくくて…」と言葉をにごします。このところ忙しく、対応が十分ではなかった気もしますが、それでも相談してほしかった、と思います。

ベストプラクティス29

「忙しいから後にして」「忙しいから、任せる」は避ける

部下が困難（トラブル）に直面しても、上司が相談しづらい雰囲気をつくっていると部下は相談しません。「忙しいから後にして」「忙しいから任せる」。これらは相談を拒絶する言葉です。この言葉を聞いた瞬間、部下は「自分は放置されている」と感じるのです。

そこで、週1回の定期ミーティングを設定し、そこで必ず聞き取るようにする、というようなアプローチをしましょう。定期ミーティング以外で相談を持ちかけられ、手が離せ

ない場合は、「今日の夕方5時頃でどうかな」などと、時間を約束します。

また、日頃の積極的な声かけ（ベストプラクティス23－1、23－2）や話を聴ききること（ベストプラクティス25）などによって、相談しやすい雰囲気を醸成します。

…この人に
うち明けても
何も解決しない

× 日頃、ほとんど声をかけてくれない。
× 日頃の進捗確認で話を最後まで聞いてくれない。
× 相談してもパソコンを見ながら人の話を聞いている。
× 部下が失敗すると感情的に怒る。

…この人は
悩みを受け
止めてくれる

○ 日頃、積極的に声かけしてくれる。
○ 日頃の進捗確認で話を聴ききってくれる。
○ 相談すると、こちらを向き目を見て話を聴いてくれる。
○ 部下が失敗しても諭すように指導する。

シーン
30
トラブルの経過や現状をうまく共有できない

ナカムラくんから報告を聞きました。「私はA商品の納品日を確認して伝えました。その後にB商品を追加して納品日を早めるようにと言われ、まず在庫の有無を確認します、と伝えたはずなんですが」。取引先との間で食い違いがあるようですが、正確なところがわかりません。

ベストプラクティス 30-1
トラブルの全体像を「見える化」する

トラブルに直面する部下（メンバー）に対して、適切な指導を行うためには、トラブルに至った経過や現状を正しく把握する必要があります。ただし、それをうまくOJT指導者に伝えられないメンバーもいます。

トラブルの全体像があいまいな場合、発問しながら経過・現状を「見える化」します。時系列でできごとを整理したり、当事者の関係を描いたりすることが有効でしょう。

2つの例を挙げます。

このシーンのように「商品の誤配」というトラブルの場合なら、「受注」→「受注内容の変更」→「納品」→「トラブル発生」という各プロセスについて、部下に対して取引先の担当者との間でどのようなやりとりをしたかを質問し、どの時点で何をしたのかを確認します。受注から納品までのプロセスを「見える化」するのです。

あるいは、「顧客と代理店との間で板挟みになっている」というトラブルであれば、部下に対して顧客と代理店とが、それぞれどのような思惑を持ち、あるいは要求しているかを質問します。それによって、部下が両者のどのような思惑・要求の間で板挟みになっているかを明らかにします。当事者の関係を「見える化」するのです。

そのように、トラブルの全体像を明らかにすることで、初めて有効なアドバイスないし指導が可能になります。

ベストプラクティス 30-2

事実と意見を切り分け、本人の思い込みを解きほぐす

見える化しながら、困難に関する事実と、部下本人の意見・感情を区別することが重要です。これらを明らかにすることで、解決への糸口が見えてくることがあります。

「私は○○しました。このとき、相手は当然○○するはずですよね」というように、事実説明の中に、部下本人の憶測（傍線部）が混在している場合、それを区別します。

困難に直面する若手社員の場合、憶測部分に思い込みがあるケースが多く見受けられます。こうした場合は本人の思い込みを解きほぐすことが大切です。

思い込みの典型例には、以下のようなものがあります。

【すべき思考】他人に対し、自分の考える常識、価値観、ルールを照らし合わせて、「～すべき」「～せねばならない」のように、決めつけてしまう。

【心の読みすぎ＝読心】客観的な根拠がないにもかかわらず、「〜と言ったから、あの人は私のことを〜と思っているに違いない」のように、相手の心の中を決めつけてしまう。

【過度の一般化】「今回うまくいかなかったから、次回以降もうまくいくはずがない」のように、一つうまくいかないと、全部うまくいかないと思ってしまう。

【心のフィルター】「思わしい結果は得られなかったが、〜のやり方は習得した」のように、マイナス／プラスの両面があるにもかかわらず、「結果が出なかったので、すべてダメだった」のようにマイナス面ばかりに気を取られ、プラスの面が目に入らない。

【レッテル貼り】「〜さんは頑固だから、こんな提案しても受け入れてくれるはずがない」あるいは「私は話すのが苦手なので、〜さんを説得することは絶対できない」のように、他人や自分に対して固定的なイメージを持ち、それに囚われてしまう。

【感情的決めつけ】「忙しくてイライラしているところに、無理な要望が来たので、カッとなって断った」のように、自分の気分や感情を根拠に物事を判断してしまう。

【結論の飛躍】「今回の件で失敗すると自分の評価が下がり、二度と〜するチャンスが与えられず、職場にいられなくなる」のように、現実的ではない悲観的・絶望的な結論を出してしまう。

シーン
31

上司として部下のトラブルにどのぐらい関与すればいいか迷う

トラブルが生じたとき、上司としてどこまで関与するべきかヤマダさんは迷っています。振り返れば、なんとか自分でトラブルを解決した経験を通して力がついた、という記憶があります。しかし今は、大ごとになる前に自分が全面的に関与するべきでは、と思いがちなのです。

ベストプラクティス31

部下の能力によって関与する度合いを変える

トラブルへの対処において、部下本人が「自力で何とか乗り切った」という自己効力感を得ることが成長につながります。したがって、「**本人に考える余地**（**Space To Think**）**を与え、乗り切らせる**」ことが基本スタンスになります。

「考える余地を与える」ためには、トラブルへの対処方法を一から十まで細かく指示するよりも、ヒントを与えて必ず自分で一度答えを考えさせることが重要です。ただし、本人の考えが基準から大きく逸脱しそうな場合には、適切なアドバイスを与え、軌道修正することも必要です（ガードレール型指導➡ベストプラクティス3）。

ただし、「考える余地」を残した支援は、部下の能力やレベルによって、関与する度合いを変える必要があります。

部下の能力が高い場合には、余計な口出しをせず、部下自身の考え・行動を尊重します。ただし、部下の行動への支持を表明し、きちんと見守ることを怠ってはいけません。

部下のレベルが中程度の場合、「どんな選択肢があると思う？」と発問し、解決策をいくつか挙げさせ、さらに「何を重視して解決すべきだろうか」と投げかけ、最適解を選択させるとよいでしょう。

部下の能力が不足しているときには、一緒に解決策を検討し、具体的行動のチェックリストを作成・共有する必要があります。

シーン

32

本人が落ち込み、自信を失いかけている

スズキくんが落ち込んでいます。新規開拓のため、ある会社を訪問したのですが、相手にされず、10分で席を立ったそうです。スズキくんの落胆は大きく、「僕に新規開拓は無理なのかな」と弱気になっています。ヤマダさんは、新規開拓営業をあきらめて欲しくないと思っています。

ベストプラクティス32

「やればできる」という自己効力感を高める

人が困難な状況に立ち向かおうとするとき、「やればできる」「自分ならば、がんばれる」と自分の持つ力を信じることを「自己効力感」と呼びます。

自己効力感の高い人は、積極的な行動から自分への信頼感が高まり、その自信がさらに積極的な行動を生む、という好循環を形成できます。逆に、自己効力感の低い人は自分を成長させるチャンスを自ら逃し、ますます自信をなくすという悪循環に陥るおそれがあり

ます。

このシーンのスズキくんであれば、「僕には新規開拓はできない」と自己効力感が低い状態であり、このままでは新規開拓営業に対して消極的な姿勢になってしまいます。

部下の自己効力感を高める具体的な方法を3つ挙げておきます。

①できている点を評価する

相手に10分で追い返されたといっても、そこには10分はいられたという「できている部分」があるので、そこを評価します。

②本人の成功体験を振り返らせる

自己効力感を高める最も基本的な方法は、本人の過去の成功体験を思い出させることです。トラブルへの対処という点では、「かつて〜という困難を克服した」「最初はうまくいかなかったが、最終的には乗り越えた」といった成功体験を思い出させることが有効です。

③他人をお手本に成功イメージを植えつける

もし、本人の成功体験が乏しい場合には、周囲にいるお手本となる人物をロールモデルとし、「あの人のようにやれば〜ができる」と成功イメージを植えつけることが有効です。

第6章
評価

次のステップは評価。一連の業務が完了したときに行う振り返りのプロセスであり、ＰＤＣＡのうちCheckに当たるステップです。ここではＯＪＴ指導者からのフィードバックのやり方が焦点であり、部下の側では自らの経験とアドバイスを踏まえてしっかり内省することによって、次の業務に活かされ、経験学習が回ることになります。その意味では、ＯＪＴ指導の中でも、成長に直結する大事なステップといえるでしょう。

しっかりした振り返りは、経験を成長に昇華させます。ほめることも大事ですが、ときには叱る必要もあるでしょう。その、それぞれに成長への契機がありま す。双方を踏まえた対話と内省について、ポイントを解説します。

▼フィードバックの基本を押さえながら、適切な形でほめて、叱る。
▼それを内省につなげることが大事。

STEP 6

評価

フィードバックの原則

- フィードバックの4原則
- 結果だけでなく学びも
- 承認、ねぎらい
- さまざまな
  フィードバック機会

叱り方

- 感情的にならない
- 人格を否定しない
- 冷静になってから叱る
- 叱る前に、ほめる
- 事実に基づき叱る
- 簡潔に、1対1で叱る

ほめ方

- 具体的に、
  その場でほめる
- 才能より努力をほめる
- 感謝の言葉を
  織り交ぜる
- メールや日報で
  ほめ言葉を残す
- 職場全体でほめる

内省のあり方

- 対話が深い内省に
  つながる
- 4つの問いかけで内省
- 結果に至る
  プロセス検証
- 成功も振り返る

シーン

33 効果的なフィードバックの流れ、機会がわからない

部下との対話を意識して実行しようと考えるヤマダさんですが、なかなか最適なタイミングがつかめません。また、業務経験を振り返るときの手順についても、自信が持てません。どのような流れで、何を聞けばいいのでしょうか。

ベストプラクティス 33-1

「フィードバックの4原則」を実践する

部下の成長を促す効果的なフィードバックを実現するには、4つの原則があります。「聴ききる」、「プロセスを承認する」、「課題を問いかけ、本人に考えさせる」、「アドバイスする」という4つです。順に説明しましょう。

原則1：聴ききる（できればメモを取る）

まず、部下本人の自己評価を「聴ききる」ことが大事です（ベストプラクティス24）。その際、できればメモを取りましょう。上司が語るのはその後で、部下に語らせない一方通行のフィードバックは成長につながりません。また、本人が語る前に上司の評価を伝えるのは望ましくありません。本人がホンネを語りづらくなるからです。

原則2：プロセスを承認する（ねぎらう）

成果の大小にかかわらず、部下が業務を遂行したプロセスを承認し、ねぎらいの言葉をかけます。そのことが業務に対する承認になります。仮に成果が上がっていなくても、ねぎらいの言葉をかけましょう。

ねぎらいの言葉もなく、いきなり本人に課題を問いかけても、自分が承認されていない状況では部下の心は閉じており、素直に上司の言葉を受け入れません。

原則3：課題を問いかけ、本人に考えさせる

課題を問いかけながら、部下本人に深く内省させ、今後の対応に関する学び・気づきを誘発します。上司が対応策を一方的に押しつけるのではなく、多少、稚拙な点があっても

部下本人に対応策を導かせるようにしましょう。それによって、部下のコミットメントが高まります。

原則4：アドバイスする

部下が導いた対応策が適切であると判断した場合は、コーチング的に関わり、部下の対応策を後押しします。

一方、部下が導いた対応策のままでは足りないと判断した場合には、ガイド的に関わり、部下の対応策を補強するアドバイスを送ります。

ベストプラクティス 33-2 成果の大小にかかわらず業務遂行を承認し、ねぎらいの言葉をかける

「フィードバックの4原則」のうち原則2：プロセスを承認する（ねぎらう）に補足します。

「業務をやり遂げたこと自体が一つの成果である」と考え、成果の大小に限らず「お疲れさま」「よくがんばったな」といったねぎらいの言葉を最初にかけます。ねぎらいの言葉一つで、部下は自分がやったことが「承認された」と感じ、素直にＯＪＴ指導者の言葉に耳を傾け、課題を前向きに検討するようになります。

高い成果を残せなかった、という理由で、部下に何のねぎらいの言葉もかけないというのはいけません。指導者からの承認が得られず、部下の気持ちが萎えるからです。

仮に高い成果を残せなくても、部下に「お疲れさま」「よくがんばったな」とねぎらいの言葉もかければ、上司から認知され、部下はポジティブな気持ちで課題を検討できます。

ベストプラクティス 33-3
さまざまなフィードバックの機会を設定する

定期的にミーティングの場を持ち、日報も活用しながら日々の業務を振り返らせる機会を設けます。加えて、週単位、月単位、一定の日数を要した仕事の節目など長いスパンで自身の行動をしっかり振り返らせる機会を設定することも大切です。また、良かった点をその場ですぐほめる即時フィードバックも忘れないようにします。

ここで、学びを促す三種類の振り返りをまとめておきましょう。

即時フィードバック…望ましい行為をその場ですぐにほめ、行為を定着させる。

日々の振り返り…日々の業務の中で課題を見つけ、行動改善につなげる。日報なども活用する。

一定スパンでの振り返り…長いスパンで振り返らせることにより、成功・失敗のパターンを認識しやすくなる。

フィードバックに関しては、結果の良し悪しが部下の成長を促すのではなく、業務経験からの学びの大小が成長を促します。

高い成果を残しても、業務経験をきちんと振り返らないと、学びが生まれず部下は成長しません。

一方、高い成果を残せなかったが業務経験をきちんと振り返り、教訓を得たという場合は、学びが生まれ部下は成長します。

即時フィードバック、日々の振り返り、一定スパンの振り返りをうまく組み合わせることで、大きな学びを得る指導を行うようにしましょう。

シーン

34

効果的にほめることができない

ほめることは大事です。ヤマダさんもそう思うのですが、どうほめていいのか自信がありません。部下のやる気を引き出すような評価の仕方をしようとは考えています。効果的にほめるのは、どのようにすればいいのでしょうか。

ベストプラクティス 34-1

「何が良かったのか」「どこが伸びたのか」を具体的にほめ、本人に正しく認識させる

部下を成長させるためには、「ほめる」という「ポジティブ・フィードバック」が必要です。若手社員はほめられることで成長を実感し、自分の仕事に自信を持てるようになり、ほめられた行為が自分の中に定着し、習慣化されるのです。

ほめるべき点は「仕事の結果（成果）」のみではありません。全体としての成果は出ておらずとも、ほめるべき点はあります。部下の行動をつぶさに観察し、ほめるべき点を積極

的に見出し、それを本人の成長に結びつけるのがＯＪＴ指導者の役割です。

例えば、次のような観点があります。

- 部分的な成果をほめる。
- プロセスの中で良かった部分をほめる。
- 以前からの進歩が認められる部分をほめる（特に、以前に叱った点の進歩は、すかさずほめる）。
- 成果は出ずとも、本人の努力が認められる部分をほめる。
- 成果は出ずとも、教えた通りに行動したならば、その努力をほめる。

抽象的にほめるよりも、**具体的にほめた方が若手は学びを得やすくなります。**成果や成果を生み出すプロセス、能力向上を「～を達成した」「～できた」「～の点が良かった」「～したことに感心した」「以前より～のスキルが向上した」のように、具体的な事実を提示してほめることが望まれます。

例えば次のようなことです。

△「さっきの接客良かったよ」
○「さっきの接客、商品説明が的確で良かったよ」
△「うまく商談をまとめた。成長したと思うよ」
○「うまく商談をまとめた。前回と比べて提案方法と粘り強い交渉力が格段に成長したと思うよ」

ベストプラクティス 34-2 「才能」よりも「努力」をほめた方が部下は伸びる

スタンフォード大学社会心理学科のキャロル・ドゥエック教授の研究(11)に基づけば、部下をほめる際、「才能」をほめるよりも「努力」をほめた方が、部下のストレッチ目標への継続的な挑戦を期待できます。

ここでドゥエック教授の研究を簡単に紹介しましょう。

彼女の研究では、小学生を「こんな良い点をとるなんて、あなたは頭がいいんだね」と才能をほめたグループと、「あなたは一生懸命やったね」と努力をほめたグループに分け、その後で、難しいテストと簡単なテストの2種類を用意し、好きな方を選ばせました。すると、才能をほめたグループのほとんどの生徒が、簡単なテストを選択したのに対し、努力をほめたグループのほとんどの生徒が、難しいテストを選択しました。この結果は、努力しがいのある難しいテストに挑戦することで、今回も努力をほめられたいという思いが影響していると考えられます。

この原理は、大人にも該当します。つまり、普段から努力をほめることで、より難しい仕事へチャレンジすることを促すことができるのです。

部下のストレッチ目標への挑戦を阻むものとして、本人の「失敗したくない」という意識があります。これは「目標を達成しなければ評価されない」という思いから来るものです。こうした思いが強いと、「失敗する可能性もある挑戦的な目標」よりも「絶対失敗しない無難な目標」を選好しがちになります。すなわち、挑戦することよりも失敗しないことを優先するようになります。

部下がこのような姿勢に陥らないようにするためには、上司が成果の大小にかかわらず、ストレッチ目標への挑戦自体をほめたり、ストレッチ目標の達成に向けて本人が努力した点をほめることが大切です。

また、**時間を置かずにほめること**も心がけましょう。それによって部下本人の中に強く刷り込まれ、その行動がさらに強化されます（習慣として本人の行動に定着する）。逆に、「この間の対応は良かったよ」などとほめるタイミングを失すると、ほめたことは定着しません。

さらに、単に良かった点をほめるのではなく、**感謝の言葉を添える**ことが大事です。

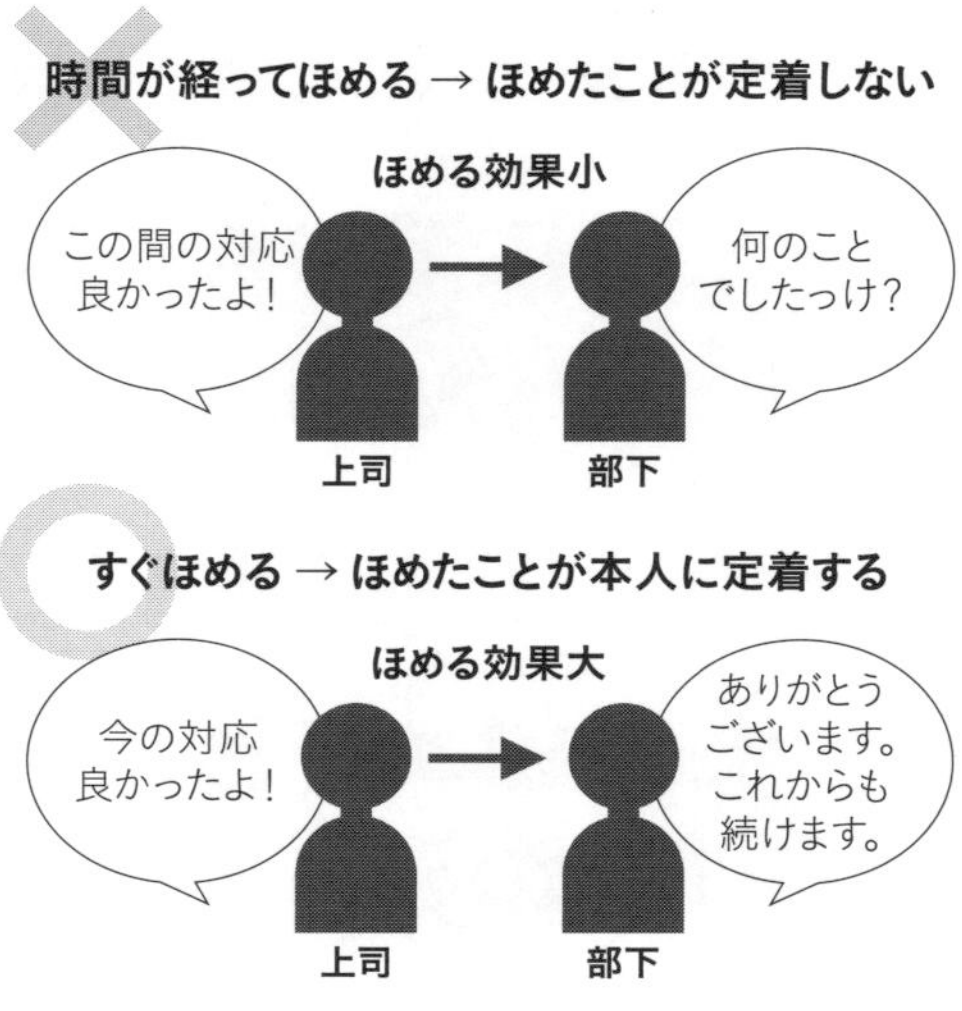
時間が経ってほめる → ほめたことが定着しない
ほめる効果小
この間の対応良かったよ！
何のことでしたっけ？
上司
部下
すぐほめる → ほめたことが本人に定着する
ほめる効果大
今の対応良かったよ！
ありがとうございます。これからも続けます。
上司
部下

感謝の言葉が部下の承認欲求の充足を強化し、さらなる成長意欲の向上につながり、同様に、「喜ぶ」「微笑む」「驚く」といった行為で、部下の進歩・成長に共鳴することが、部下の承認欲求の充足を強化します。

例えば、次のような対応です。

- 「あきらめずにやり遂げてくれてうれしいよ。ありがとう」と感謝の言葉を添える。
- 自分のことのように喜びながら、部下の成長や努力をほめる。
- 「無表情でほめられる」よりも「微笑みながらほめられる」方が、部下はより認められたと感じる。
- 「今回の〇〇さんの粘り強い交渉には、私も驚かされたよ」と部下の期待を上回る努力であったことを承認する。

ベストプラクティス 34-3

メールや日報コメントなどで、ほめ言葉を形に残す

プレーイング・マネジャーで忙しく飛び回る毎日で、なかなか部下と顔をあわせる機会がなくとも、メールのやりとりはできるでしょう。また、時系列の報告などを書く日報も、貴重なコミュニケーション・ツールです。これを使って、タイミングよくほめる方法を経験し、定着させてほしいものです。

例えば、次のようなことです。

- 良かった点や感謝の言葉を電子メールで送る（ほメール）。
- 日報のフィードバック欄に良かった点を必ずコメントする。
- メッセージカードや手紙など手書き書面でほめる。

メールや日報へのコメントなど、ほめ言葉を形に残すことは、「記憶」ではなく「記録」として残されることで何度も読み返すことができ、適宜読み返すことが、部下の励みや成長実感、モチベーション向上につながる、というようなメリットがあります。それをチーム内でまとめることで、部下の「好プレー集（ほめ言葉集）」をつくることもできます。

ＯＪＴは職場全体の取り組みとすべきです（ベストプラクティス７）。したがって、朝礼の場などで成果を報告してもらい、全員の前で職場の上位者からほめてもらうなど、職場全体で承認することも大事です。

シーン
35
効果的に叱ることができない

ヤマダさんには、かつてちょっとしたミスをした後輩を怒鳴りつけてしまった経験があります。そのときには、上司のフォローもあってことなきを得ましたが、その経験のせいか、マネジャーとして毅然とするべき場面でも自信が持てず、効果的に叱ることができません。

ベストプラクティス
35-1
感情に任せて怒っても部下の成長につながらない（叱れども怒らず）

「なぜ部下を叱るのか」という点を再確認しましょう。部下の行為が気に入らないから叱るわけでも、成果の責任を問い詰めるために叱るわけでもなく、失敗を教訓に成長してくれることを期待して叱るという点を忘れてはいけません。

「結果が出ない」と感情に任せて腹を立てる行為（＝怒る）と、部下の成長を願い、良くなかった点を本人に反省・改善させる行為（＝叱る）とは本質的に異なります。ＯＪＴ指導者には「叱れども怒らず」といったスタンスが求められます。

「叱る」とは、部下の成長を願い、良くない行動・態度を本人に気づかせ、反省・改善を促す行為です。その前提には、部下への期待、信頼があります。

「怒る」とは、部下に対して感情的に腹を立てることです。

「責める」ことは、部下の失敗を問い詰め、非難することを指します。

「否定する」とは、部下自身の人格や部下の言動を認めないことを意味します。

「怒る」「責める」「否定する」指導は、部下の成長につながりにくいので注意が必要です。


特に、人格の否定はパワーハラスメントやメンタルダウンにつながる行為であり、絶対に避けなければなりません。感情のまま怒鳴ったり、できない要求を突きつけるといった行為もいけません。これらには部下の成長を願う、本人に気づかせるという要素が皆無だからです。

避けるべき例を挙げましょう。

- 「使えない」「お前なんて要らない」「見込みがない」といった人格を否定する発言。
- 「なめんじゃねえぞ」「ふざけんなよ、この野郎」といった罵声。

・「あと5分で全部やり直せ」「今晩、寝ないで作業しろ」といった過度な要求。
・「あんな失敗して、よく会社来られるな」「まったく、親の顔が見たいよ」といった本人のプライドを深く傷つける発言。

ベストプラクティス 35-2

「叱る」際には、前後で「ほめる（励ます）」ことを忘れない（サンドイッチ話法）

本人に反省を求めようとしても、不満や悔しさで本人の感情が高ぶっていたり、気持ちが落ち込んでいる場合があります。そのようなシーンで叱っても効果が上がりません。傾聴したり、共感したり、励ましたりしながら、本人の気持ちを落ち着かせ、冷静に振り返りができる状態になるのを待ちましょう。

例えば、部下が自身の失敗を素直に受け入れていない状況を考えてみましょう。このようなとき、本人が受け入れていなくても、失敗という結果には変わりはないので、気にせず叱ってもあまり効果はないでしょう。まず本人の話を傾聴し、納得できない思いに共感しながら気持ちを落ち着かせることが大切になります。

部下を「叱る」際には、前後に「ほめる（励ます）」ことで、「叱る」をサンドします。

「叱る」前に「ほめる（励ます）」

「叱る」場面であっても必ず「ほめる」べき点もあるはずです。同じ情報をフィードバックする場合、「悪い点→良い点」よりも「良い点→悪い点」という伝え方の方が、相手の吸収能力を高めます。したがって、「ほめる→叱る」という流れが望ましいでしょう。また、叱る前に「ほめる」だけでなく、「励ます」ことが有効な場面もあります。

叱った後はポジティブな言葉でフォローする

叱られても、最後がポジティブな言葉で締め括られれば、部下は前向きな気持ちになれます。逆に、それまで適切なアドバイスを送っていても、最後がネガティブな言葉で終わると、部下の気持ちが萎えてしまうおそれがあります。

ベストプラクティス35-3

客観的事実に基づき、叱る理由を明示する

人によっては、「自分は不当に叱られている」と感じている場合があります。こうした事態を避けるために、事実に基づき、叱る理由を明示することが大切です。特に、自己防衛的な言い訳が多い部下の場合、事実を示しながら「それならば、叱られても仕方がない」と納得させる必要があります。

悪い例と、良い例を挙げます。

× 「私が改善しろと指示しているんだから、文句言わずに改善すればいいんだよ」と理由を本人に納得させないまま叱る。

○ 「そのようなことをすれば、○○な状態になり、周囲が迷惑するよね」と客観的な理由を明示し、本人を納得させてから叱る。

叱る場合には、短時間で簡潔に叱ることが望ましいでしょう。時間をかけてネチネチと叱るのは逆効果です。また、第三者に聞かれない状況をつくり、一対一で叱る方が本人のプライドを傷つけずに済みます。

「簡潔に叱る」ことと「一対一で叱る」方法に関して、悪い例と、良い例を挙げておきましょう。

（例）**簡潔に叱る**

× 叱っているうちに、他にも反省して欲しい事項をいくつか思い出し、まとめて叱ったところ、1時間を超えていた。

○ 最初から5分と時間を区切り、短い時間で簡潔に叱った。

（例）**初歩的な業務ミスを犯した部下（入社3年目）を一対一で叱る**

× 何も意識せず、新人メンバーもいる場で部下を「3年目にもなって、この程度のこともできないのか」と厳しく叱りつけた。その内容は周囲にも筒抜けであった。

○ 部下を別室に呼び出し、他メンバーに聞かれない環境をつくり、叱った。

シーン

36

部下に深く内省させることができない

ヤマダさんは、同じような失敗を繰り返しがちなスズキくんへの指導法に迷っています。おそらく、しっかりした振り返りができていないことが原因だろうと思うのですが、深い振り返りをするための、良い方法はないでしょうか。

ベストプラクティス 36-1

4つの問いかけで深く内省させる

業務の振り返り（内省）においては、業務の成功や失敗の原因を本人に語らせ、今後の対処方法を考えさせます。

深い内省が生じやすいのは、「語るべき他者」や「応答すべき他者」がいる場面です。すなわち、他者との対話で、感じたことを言葉にしたり、他者からフィードバックを得ることで深い内省が生まれます。これをＯＪＴに置き換えれば、指導者が有効な問いかけを行うことで、部下本人に考えさせ、述べさせることで深い内省が生み出されます。

その仕事で①うまくいったこと、②うまくいかなかったこと、③うまくいかなかった原因、④うまくいかせるための打ち手、を問いかけ、本人に語らせることが有効です。文章に書かせることも効果があります。

深い内省を生む問いかけとして、リフレクティブ・サイクル[12]を活用することも有用です。リフレクティブ・サイクルとは、一つの経験を、内的な吟味を通して深く理解し、次の経験に活かすための意味づけをする過程を示したものです。

リフレクティブ・サイクル

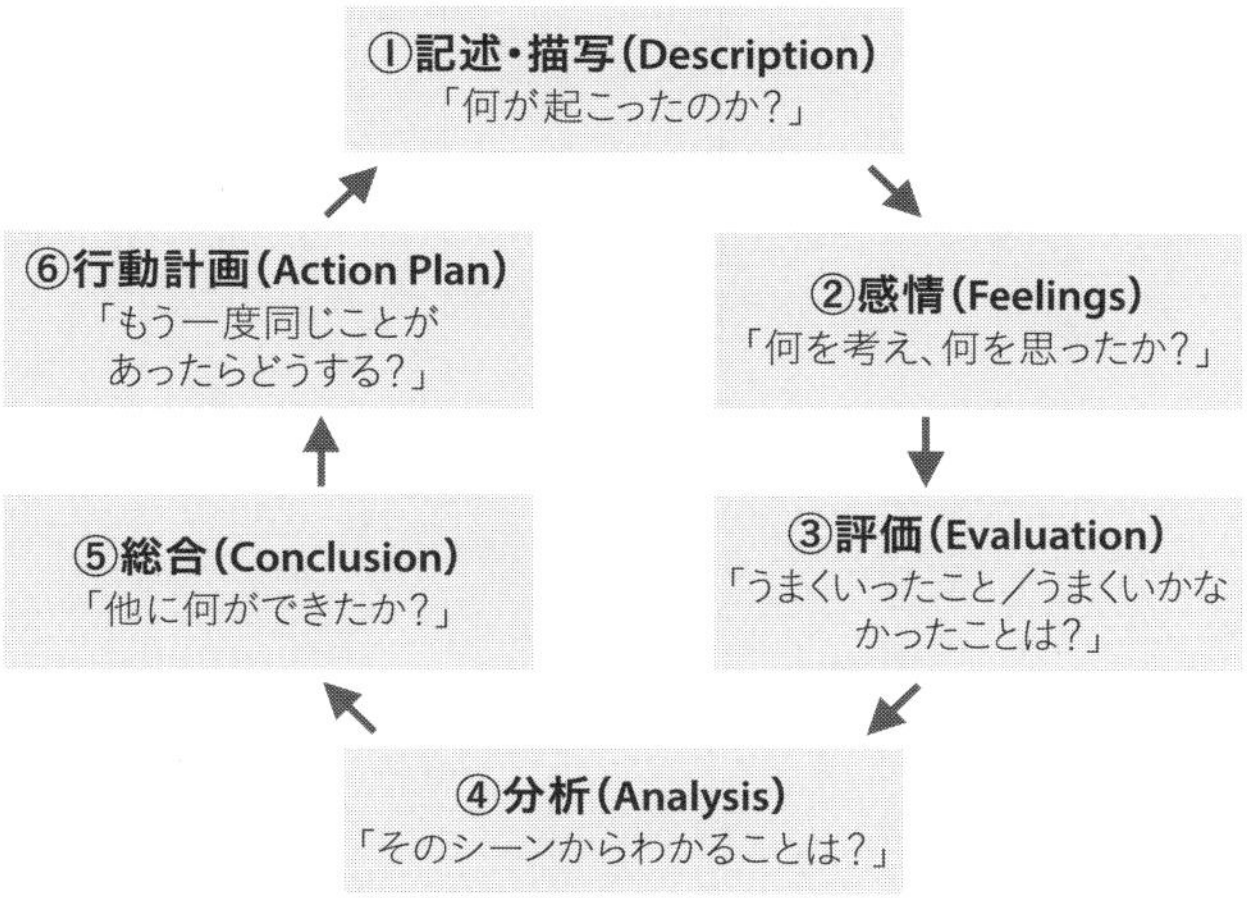
①記述・描写（Description）
「何が起こったのか？」
②感情（Feelings）
「何を考え、何を思ったか？」
③評価（Evaluation）
「うまくいったこと／うまくいかなかったことは？」
④分析（Analysis）
「そのシーンからわかることは？」
⑤総合（Conclusion）
「他に何ができたか？」
⑥行動計画（Action Plan）
「もう一度同じことがあったらどうする？」

ここでリフレクティブ・サイクルについて簡単に説明しておきましょう。まず、その業務経験で「何が起こったのか？」という客観的事実を明らかにします（記述・描写）。

次に、業務経験中に「何を考え、何を思ったか？」という本人の思い・感情を整理させます（感情）。

その上で、「うまくいったこと／うまくいかなかったことは？」と問い掛け、具体的な成功体験、失敗体験を明らかにします（評価）。

評価を踏まえて、「その状況から分かることは？」と問い掛け、成功／失敗の要因を明らかにさせます（分析）。

ここで、「他に何ができたか？」と問い掛け、より良い方法がなかったのかを本人に考えさせます（総合）。

そして、「もう一度同じことがあったらどうする？」と問い掛け、次回に向けた行動改善を本人に語らせます（行動計画）。

ベストプラクティス 36-2

結果に至るプロセスをしっかり検証する

業務の結果に至るプロセスを一つずつ一緒に振り返ることで、成功と失敗の分岐点を検証できます。プロセスの振り返りで、成功・失敗のパターンを認識しやすくなると同時に、改善すべき点が見つけやすくなります。

ＰＤＣＡサイクルの観点で考えれば、「計画（Plan）通りの実行（Do）を確保できたのか」という観点から、プロセスを検証すると良いでしょう。

例えば、下の図を見てください。作業Ａ

プロセスを検証する

作業A
作業Aは
うまくいった！
作業B
作業Bは準備不足で
うまくできなかった！
作業C
作業Cはうまくできたが、作業Bの
遅れの影響で時間が少し不足した
作業D
作業Dは想定外のことが起こり、
うまく対処できなかった！
結果
結果は想定していたレベルを
少し下回っていた

はうまくいったのですが、作業Bの準備不足が原因で、作業Cに遅れが生じ、作業Dで想定外の事が起こって、うまく対処できなかったことがわかります。このようにプロセスを検証することで、不満足な結果を招いたことが検証できます。

ベストプラクティス 36-3

「うまくいかなかったこと」ばかりではなく、「うまくいったこと」にも着目させる

深く内省させるとき、どうしても「うまくいかなかったこと」にフォーカスしがちですが、「うまくいったこと」にフォーカスし、「なぜうまくいったのか」という成功パターンを認識させることも重要です。成功パターンの認識が、うまくいかない状態からの「リカバリー能力」を向上させるからです。

次の例は、商談をうまく進めることができなかったことを振り返る場合の、良い例と悪い例です。

○　以前の振り返りで、部下が「うまく進めることができた」成功パターンを明らかにしていたので、それとの比較で改善すべき点を検討できた。

×　それまで成功パターンの振り返りをおろそかにしていたため、「うまく進めるために何をすべきか」という方向性を見出すのに苦労した。

内省は行動を振り返ることですが、「良くなかったこと」「うまくいかなかったこと」に対する「反省」だけではないことをご理解ください。

それまでの成功事例が、なぜうまくいかなかったかを検証する際に、多くのヒントを与えるのです。

また、うまくいった理由や原因をしっかりと理解することは、より良い結果を得るために必要になります。

---

(11) キャロル・S・ドゥエック『「やればできる!」の研究』草思社

(12) Gibbs, G (1988) *Learning by Doing : A Guide to Teaching and Learning Methods*. Further EducationUnit. Oxford Brookes Universiey. Oxford.

第 7 章
学びの抽出

このステップはフィードバックによって、経験を知恵に昇華させるステップです。持論化するステップ、と言い換えてもいいでしょう。せっかくの内省の機会も、そこから意識して教訓を引き出し、言語化しなければ次の業務に活かせません。そのためにも、ＯＪＴ指導者には問いかけ、気づかせ、学びを引き出すためのアプローチ方法を検討する必要があります。そのためには、教訓を引き出すためのヒントを示したり、取り組みや教訓を見える化すること、そして、問いかけ方を工夫しなければなりません。

ヒント、見える化、問いかけによって学びを引き出す。

STEP 7

学びの抽出

教訓を引き出すヒント

- 体験談をヒントに
- 他者との対話をヒントに
- 繰り返し言葉をヒントに

取り組み・教訓の見える化

- 取り組みを見える化
- 経験の特徴を書き出す
- 教訓を言語化させる

問いかけ方

- 新たな視点を提供し気づかせる
- 時系列で考えさせる
- 行動習慣に結びつく教訓を
- 成長ゴールの達成度合いを意識
- 成長実態を伝える

シーン

37

業務経験の振り返りから、教訓をうまく引き出す指導ができない

試行錯誤を経て、ヤマダさんのチーム・メンバーは「経験学習サイクル」をうまく回せるようになってきました。ただ、振り返りから教訓を引き出すことがなかなかうまくいきません。これができれば、部下の能力はさらに向上すると思うのですが。

ベストプラクティス37

「考える余地」を与える指導でマイセオリーの創造を支援する

部下の成長を促進するためには、本人が**業務経験から学び（教訓）を引き出す**ことが重要です。本人が自分なりに考え、それを「マイセオリー」として教訓化することで、初めて業務経験が知恵に昇華します。これは部下が業務経験から新しい「知」を創造するプロセスとも説明できます。

上司が部下による新しい「知」の創造を支援するためには、部下に「考える余地」を与

える「ガードレール型」の指導が求められます（ベストプラクティス3）。上司がアドバイスやヒントを与えつつも、最終的な教訓は部下が考え、導くことで、腹落ちしたノウハウとして本人の中に定着しやすく、それ以降の業務における積極的な教訓の適用を期待できます。

他者のアドバイスや意見を参考にしつつも、最終的に自分の頭で考えなければ「知」は創造できません。言い換えれば、他者の知識をコピーするのみでは「知」は創造できないのです。OJT指導者は適切なアドバイスやヒントを与えつつも、部下がそれらを鵜呑みにするのではなく、自分なりに考えた上で自分のノウハウとして吸収する「ノウイング（Knowing）」を支援することが求められます。

教訓をうまく引き出せない指導と、教訓をうまく引き出す指導の2つの例を挙げます。

（例）×　うまくできなかった業務の改善方法について、部下が社内データベースを調べたところ、同様の事例があったので、その方法をそのままやることにした（単なる他者の知識のコピーである）。

○ 業務の改善方法について、部下が社内データベースを調べたところ、同様の事例を発見した。ただし、その方法をそのまま実践するのではなく、OJT指導者にアドバイスを受けながら、自分の業務環境に合うようにアレンジした（他者の知識のコピーではなく、自分で考えてカスタマイズしている）。

「ノウイング（Knowing）」[13]

「ノウイング（Knowing）」とは、「現実世界と相互作用することを通して知識を創造すること」です。知識は人から人へ、書物から人へと移転するのではありません。人は他者の知識や書物の知識を「道具として」使用しながら、ノウイングによって新しい知識をつくり出します。

例えば、子供が自転車に乗る練習をする際、親から「ハンドルをしっかり持って」などのアドバイスをもらうものの、結局は何度も転びながら自身で乗る感覚を体得することで乗り方を習得します。つまり、他者からのアドバイスや意見を参考にしつつ、自分で考え・実践することで新しい「知」を創造したわけです。これこそがノウイングです。部下を指導する際にも、部下のノウイングを後押しすることが重要になります。

OJT完全マニュアル

シーン 38

「学び」につながるヒントをうまく提供できない

ナカムラくんががんばって、新規顧客からの受注に成功しました。本人は、「たまたまうまくいきました」と謙遜しますが、先輩のタナカくんのアドバイスも有効だったようです。この経験を、次の機会にも活かせるように教訓化したいと思いますが、なかなかうまくいきません。

ベストプラクティス 38-1

ＯＪＴ指導者の経験談（成功体験・失敗体験）をヒントとして与える

自分の力で知を生み出すノウイングを促進するためには、部下が自分の頭で考えることが必須ですが、その糸口となるヒントやサジェスチョンをＯＪＴ指導者が提供することも重要です。

その一つとして、**経験談（成功体験・失敗体験）を伝える方法**があります。「成功体験」の語りは、どのような行動が成功に結びつくのかをサジェスチョンできます。成功イメージの乏しい部下の場合、自身の成功体験を語ることで、「同じようにやれば、自分もできるかもしれない」と自己効力感を高めやすくなります。自分の成功体験を伝えると「自慢話」として受取られるようなときには、身近な先輩の成功体験を伝えるとよいでしょう。

一方、「失敗体験」の語りは、陥りやすい失敗パターンや注意すべき事項をサジェスチョンできます。リスクに対する備えの甘い部下の場合、自身の失敗体験を語ることで、「同じような失敗を回避するために、～に対する備えを怠らないようにしよう」と予見計画力を高めることができます。

経験談の語りは、仕事のやり方に対するヒントを提供するだけではありません。「今振り返って、どんな意味を持つ経験だったのか」という観点から経験談を語ることで、部下に成長のためのヒントを示すことができます。

例えば、次のような体験談です。

（例）「〇〇の仕事をやり遂げたことが大きな自信となった（成功体験）」
「〇〇を日々積み重ねたことが、～スキルの向上につながった（成功体験）」
「〇〇の仕事で挫折を味わったが、あのときの悔しさがバネとなって今の自分がある

（失敗体験）」

「○○で失敗したとき、コミュニケーションの重要性を痛感した。それがきっかけで、会話術の本を読むようになった（失敗体験）」

なお、すでに述べたように成功体験の語りについては、一歩間違えると、「私はすごいんだぞ」というニュアンスの「自慢話」となりかねません。あくまで部下の成長を促すための経験談であることを忘れないようにしましょう。

ベストプラクティス 38-2

取り組みを「見える化」して気づかせる

チャート図、ツリー図、チェックリスト等を活用して仕事を「見える化」することも有効です。「見える化」することで、部下が取り組み全体を俯瞰でき、大局的な視点から学び・気づきを得やすくなります。

シーン38のナカムラくんであれば、今回の新規顧客からの受注という成功体験を「見える化」することで、新規顧客への営業アプローチに関する教訓を導きやすくなります。

ここで、「見える化」の取り組み例を挙げておきましょう。

（例）・今回の受注に関して、受注に至るまでのプロセスをチャート図で示す。

・今回の受注に関して、「どのような能力が役立ったのか」という成功要因の分析を、ツリー図を作成しながら行う。

チャート図

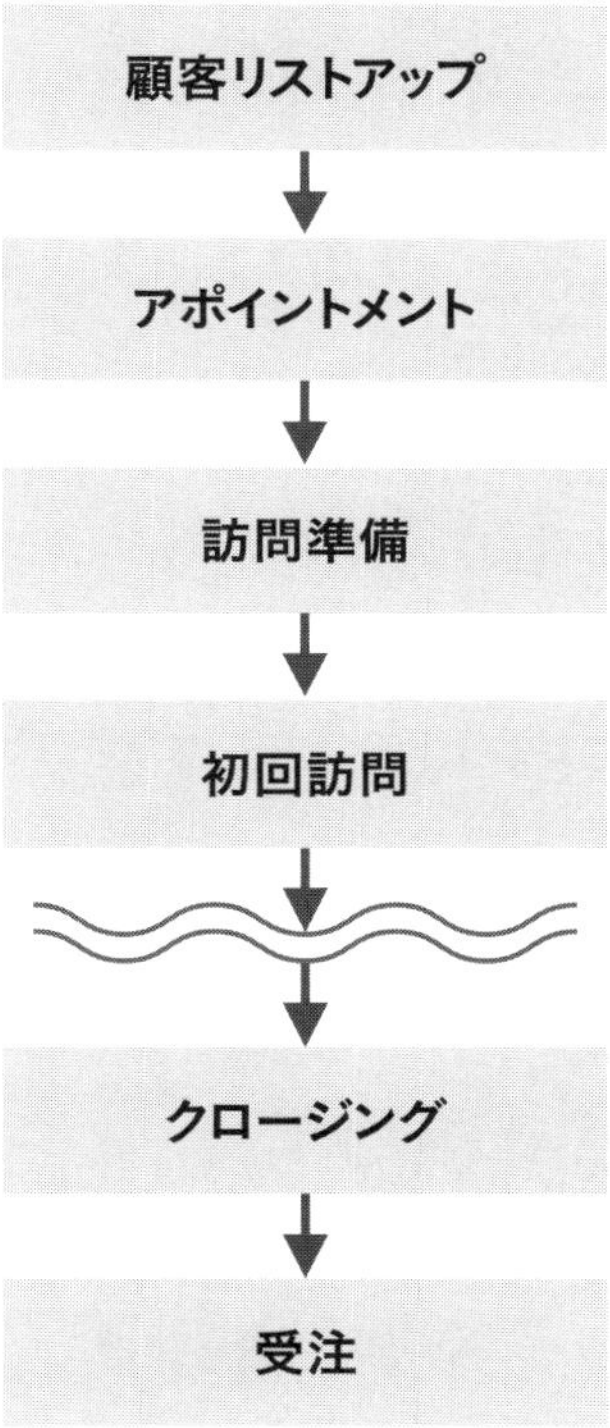

チェックリスト

新規顧客営業チェックリスト

□顧客の～を必ず調べる。
□初回電話時に必ず～を伝える。
□○○について尋ねられたならば、～と答える。
□初回訪問時に必ず～する。
□提案書に～を記載する。

ツリー図

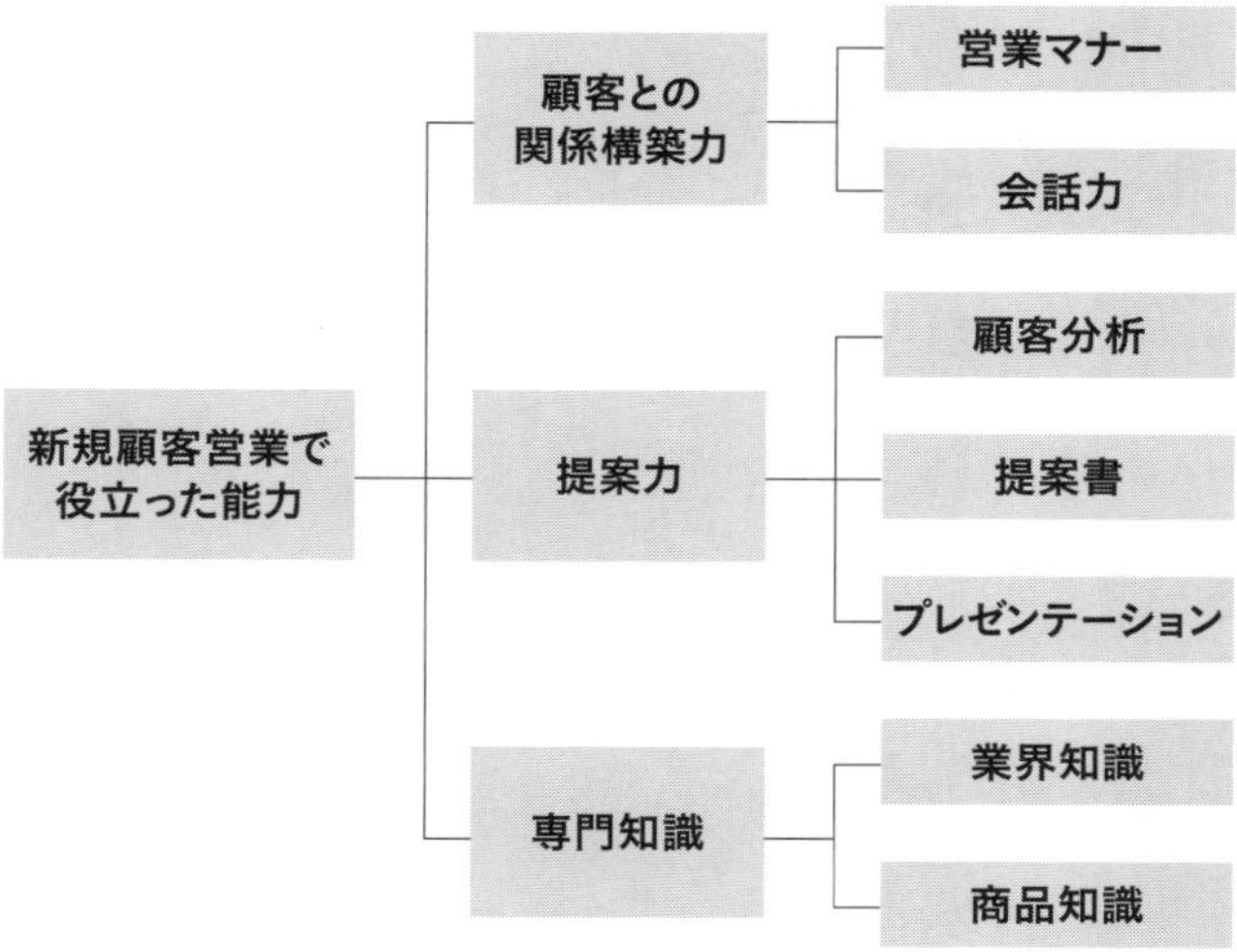

・今回の受注に関して、自分でうまくできたと思った点や心がけた点をリストアップし、それらの項目を今後の活用を意識しながらチェックリスト化する。

ベストプラクティス 38-3

新たな視点・視野・視座を提供し、気づかせる

部下の物の見方の狭さがネックになっている場合、新たな視点・視野・視座を提供し、学び・気づきのヒントとします。

新たな「視点」を提供する

「視点」とは、**「どこを見るか」という物事への着眼点**のことです。

一度ある視点に着目すると、そこに集中しすぎて他の視点がおろそかになることがあります。部下が特定の視点に固執しすぎている場合、それ以外の視点を提供することで、学びが発生しやすくなります。

「視野」を変えてみる

「視野」とは、**「どこまで見るか」という、物事を見る範囲**のことです。

私たちは、ついつい目先のことに囚われ、近視眼的な問題意識になってしまうことがあります。特に、経験の浅い部下ほど「木を見て森を見ず」となりやすく、仕事の全体像が見えにくいものです。その逆に、大局的な見方に支配され、目前にあることへの問題意識が甘くなることもあります。部下がこれらの状況に陥っている場合、視野を変えてあげることで、問題に正しくフォーカスできるようになります。「視野」を変えるとは、次のようなことです。

(例)・自身の作業ばかりではなく、前後の工程を意識させる。
・短期的メリットばかりではなく、中長期的なメリットも意識させる。
・将来の「やりたいこと」ではなく、目前の「やるべきこと」を意識させる。

新たな「視座」を提供する

「視座」とは、**「どこから見るか」という物事を見る立ち位置**のことです。

経験が浅い部下ほど自分の視座で思考しがちになり、「他者の視座から眺めてみる」ということができません。そこで、「○○の立場になって△△を考えるとどう思う?」という新たな視座での問いかけを行うことで、一方的な物の見方に対する気づきが生まれやすくなります。

具体例を挙げましょう。

(例)
- 自分ではなく、顧客の立場から考えさせる。
- 自分ではなく、他部署の立場から考えさせる。
- 自分ではなく、協力してくれている先輩の立場から考えさせる。

ベストプラクティス38-4

部下が繰り返し発する言葉を糸口にヒントを提供する

内省させる中で部下が繰り返し発するフレーズ、キーワード等があれば、そこに本人の問題意識があるはずです。したがって、そこを深掘りするヒントを提供することで、問題解決に向けた学び・気づきが生まれやすくなります。

例えば、部下が無意識に繰り返すフレーズ、キーワードをオウム返ししたり、「さっきから○○というキーワードが何度も出てくるけど、そこが気になるのかな」のように問いかけることで、本人がそれらについて深く考えるきっかけを与えることができます。

あるいは、繰り返し発するフレーズ、キーワードに、部下の思い込みが反映されているケースがあります。その場合には、それらに囚われすぎていることを本人に気づかせることで、適切な問題解決に向かわせることができます。

例えば次のようなアプローチが可能です。

（例）・部下が内省する中で「顧客からの信頼」という言葉を頻繁に用いていたため、ヒントを与えながら「顧客からの信頼」の具体的向上策を考えさせる。

・部下が作業ミスを内省する中で、「作業効率を考えると」というフレーズを何度も繰り返していた。そこで「何より効率優先」という本人の思い込みを解きほぐし、「作業の正確性」も意識させる。

シーン
39

部下から的確な言葉を引き出すことができない

「たまたまうまくいきました」と謙遜するナカムラくんですが、ヤマダさんは成功のポイントを引き出してあげたいと思っています。そこで、業務プロセスをたどり、あれこれ質問してみるのですが、ナカムラくんは、うまく経験を言葉にできません。いい方法はないでしょうか。

ベストプラクティス39

経験した出来事のみならず、その特徴も書き出させる

業務経験から得た学び（教訓）は、部下本人に必ず言語化（文章化）させます。言語化することで、学んだことが「記憶」ではなく「記録」され、いつでも読み返すことができるからです。また、教訓のみならず、その元となる業務経験も一緒に言語化しておくことで、有益な教訓を導きやすくなります。

経験した出来事そのものだけではなく、その特徴も記述させることで、内省・教訓がより具体的になります。

例えば、「○○業務に取り組んだ」といったできごとのみの記述よりも、「○○業務に取り組んだが、マニュアル通りの作業の流れにならず、どのようにすべきか頭が混乱してしまった。結果的に、作業時間が1時間オーバーになってしまった」というように、経験の特徴を記述させましょう。

教訓を考えさせる際、その事象に限定される教訓だけでなく、他の事象一般に適用できる、汎用性のある教訓を引き出すことが深い学びにつながります。

例えば、「初めて○○作業を行い、その手順を確認できた」という限定的な教訓よりも、「初めての作業に取り組む際には、なぜそうするのかを問いかけながら、手順を確認することが大切である」といった汎用性のある教訓を引き出しましょう。

シーン
40
成長の実態を測定したり、上手に伝えることができない

サトウさんの仕事ぶりが非常に良くなりました。成果も上がり、本人の表情も明るくなりました。ヤマダさんがほめても、「いえ、まだまだです」と照れるばかり。もう少しわかりやすく成長していることを表現し、さらに自信を強めてもらいたいのですが。

ベストプラクティス40
成長ゴールに対する達成度合いを基準に認識させる

部下が業務経験から得た学び（教訓）を得ることができたならば、それを成長実感につなげることが重要です。
当初設定した成長ゴールを本人に再確認させ、それに対する達成度合いを基準に、日々の成果・課題を認識させます。

例えば「一人で○○業務をできる能力を100点とすれば、今回の経験で70点位まで来たんじゃないかな。次は○○できるようになれば、さらに100点へ近づくと思うよ」といったコメントや、「○○できる人物の10の要件のうち、今回で7つはクリアできたね。がんばって、残り3つもクリアしよう」というフィードバックが有効です。

また、時間や仕事をモノサシ（基準）として成長の実態を伝えると、部下にとって理解しやすくなります。例えば、次のような説明です。

（例）「以前に比べて～のスキルが向上した」
「○○業務について、前回やったときが50点だとすれば、今回は90点をあげられるよ」
「～ができるようになったから、○○の仕事をお願いできる」
「次回○○をするときには、○○さん一人に任せることができるよ」

OJT指導者との対話によって納得して決めた成長ゴールに対して、どのぐらい達成したのか。それを、本人に響く表現で伝えてください。

(13) Cook, S.D.N. and Brown, J.S. (1999) Bridging epistemologies: the generative dance between organizational knowledge and organizational knowing. *Organization Science*, 10, 4, 381-400.

第8章
OJT指導の実践例

STEP 8

「OJTの土台づくり」から「学びの抽出」まで、OJT指導の7つのステップを解説してきました。シーンとベストプラクティスの対照から、部下を成長させる指導法がご理解いただけたでしょうか。

第8章では、ここまでのまとめとして、2つの事例を紹介し、ベストプラクティスをどのように応用するかを解説します。事例は架空のものですが、OJT指導の実践編ということになります。

前章までに取り上げたのは、ごくシンプルな指導シーンばかりでしたが、OJTの実際は、いくつもの要素から成る、ときに込み入った状況であるはずです。問題解決のためには、複数のベストプラクティスを活用し、部下を正しい方向に導く必要があります。

成長途上にある部下の困った状況に対し、あなたならどのように対処し、指導するでしょうか。わが身に置き換え、ベストプラクティスを思い出しながら、お読みください。

事例1 部下が自分で考えない（当事者意識が低い）

ベストプラクティスを意識するようになって、ヤマダさんはＯＪＴ指導に自信を持ち始めています。5人の部下は、それぞれ試行錯誤をしながらも、経験を重ね、仕事能力を高めています。同じ部署の他チームとも連携を取り、隣のチームのマネジャー（ヤマダさんより少し年次が上です）も、ヤマダさんの部下に声をかけてくれますし、ヤマダさんも同じようにしています。ＯＪＴ指導が「線」から「面」になってきたのです。

ただ、いくつかの問題もあります。一つは2年目のナカムラくんの仕事ぶりです。「力はあるはずなのにやる気を見せないタイプ」と見ていたナカムラくんですが、以前と比べれば前向きな姿勢も出ています。言われたことはやりますし、それで成果を上げていないわけではありません。でも、「もっとできるだろう」と思ってしまうのです。

最も気になるのは、何か問題が起きたときに、上司であるヤマダさんがなんとかしてくれると思っているふしが見られることです。それを察して気をつけて見ていると、何度も同じ問題を繰り返したりします。端的に言うなら「当事者意識が低い」ということになるかもしれません。個々の仕事の目的やゴールに対する意識が足りなくて、いまひとつ深く考えることができないことも、問題の根にありそうです。

先日は、「それはスズキさんの仕事で、私の仕事ではありません」と言い、1年先輩のスズキくんと押し問答になりかけました。その場面は、厳密に言えばナカムラくんの言う通りスズキくんの仕事かもしれないのですが、そこはヤマダさんとしては「協力の範囲」であり、スズキくんの仕事の状況を考えれば、ナカムラくんにやってもらいたいし、チームの一員として「やるべきこと」だった、と思っています。

もうすぐ3年目ですから、そろそろ自覚を持って、一人前を目指して欲しいと思っているのですが、この先の指導方法について、ヤマダさんはどのようにすべきか確信を持てないでいます。

当事者意識が低い部下の傾向と背景

当事者意識が低い背景としては、次のようなことが考えられます。

①考えて行動する意義がわからない（非効率なことはしたくない）。
②考えて行動する面白さがわからない。
③考え方自体がわからない。
④失敗して恥をかきたくない。

①については、「効率的に問題を解決することが最も重要」という仕事観がベースにあります。そのような仕事観から、「どうしたらいいんですか？」と安易に結論を求める聞き方をしたり、「教えてください。考えたけれどわかりません」などと言いがちです。もちろん、深く考えてはいないので、仮説すら出てこないのです。これに対しては、仕事の全体像や背景を説明し、仕事の意味づけをさせる必要があります。

②③に対しては、まず実践させて、成果を出させ、承認してあげることが必要でしょう。

考えて行動することで能力が高まり、中長期的に考えても本人の得になることを伝える必要があります。

学生生活を通じて、今までずっと答えを教えてもらっていたために、自分で考える機会がなかった、という若手もいるかもしれません。機会がなかったから、考える習慣が身についていないわけです。そのことから、考え方自体がわからなかったり、わからないことをわからないままにしておいても気にならない、という姿勢につながります。

「やったことがありません」「聞いていません」「知りません」という言葉も頻出するはずですし、事例のナカムラくんのように「それはスズキさんの仕事で、私の仕事ではありません」という発言も聞かれるでしょう。

④は失敗しても大丈夫な環境をつくってあげた上で、失敗から学ぶことを経験させることが有効でしょう。

未来のリスク

このような状態を放置しておくと、次のような問題が発生することになります。

まず、できることが増えず、決まった仕事しかできない状況に陥るでしょう。そうなると、だれも仕事を頼まなくなり、人間的に信用されなくなる恐れがあります。

こうした状況を放置していると、上司や周囲のメンバーの負担が増え、組織やチームとして新しい仕事に挑戦する余裕がなくなる危険性もあります。また、こうした人材が増えると、コスト（人件費）に見合ったパフォーマンスも得られないため、組織全体の生産性も低下してしまいます。

指導・育成の基本方針

当事者意識が低い部下に対する指導・育成は、次の3つのステップで取り組みます。

ステップ1・自身の作業目的を認識させる
ステップ2・自分で考える機会を与える
ステップ3・仕事を任せる

まず、仕事の目的を意識していないという問題点を踏まえて、**作業目的を認識させること**から始めます。目的が明確に認識できれば、その仕事の面白さも理解でき、やる気が引き出されます。つまり、エンジョイメントを実行させるのです。

次に、**自分で考える機会を与えて、それを習慣化させる**ことを促します。これには周囲の関与が必要で、進捗状況を確認し、それについて問いかけを行い、フィードバックをすることによって「なぜ？」を意識させることになります。リフレクションを習慣化する、ということです。

そして、**仕事を任せていきます**。ストレッチした仕事にチャレンジすることで、問題解決を意識し、当事者意識が生まれてきます。

指導・育成の具体的方法

それでは、具体的な指導・育成方法について見ていきましょう。復習も兼ねて、今まで説明したベストプラクティスとの対応も記しています。

ステップ1・自身の作業目的を認識させる

○作業の目的や背景、相手への期待を説明し、意識させる

まず、期待の言葉に、励まし、後押し、願いの言葉を添えましょう（ベストプラクティス13）。「この仕事を通じて成長して欲しい」という期待を言葉で部下に伝え、本人の成長意欲を高めることが最初のステップです。それによってストレッチ目標への達成意欲が高まります。ときには熱く語ることで、ＯＪＴ指導者の本気を伝えることも有効です。

次に、仕事の全体像や背景を説明し、仕事への「意味づけ」をさせます（ベストプラクティス14）。計画立案の段階で、これから取り組む仕事と自身の成長とを関連づけて理解させます。これによって、挑戦的な学習目標に取り組む覚悟が醸成されます。「この仕事をやり遂げることで、どのような能力が身につくのか」を部下に意識させることがＯＪＴ指導者の役割です。

○課題を分解して与える

本人と話し合い、ストレッチ目標を「やるべき目標」「できる目標」「やりたい目標」に

切り分け（ベストプラクティス9－1）。育て上手のマネジャーほど、目標の意味をしっかり説明することがわかっています。手間を惜しまず、丁寧に目標の持つ意味を説明することで、部下のやる気を引き出しましょう。

まず「なぜ目標のストレッチが必要なのか」という意味合いを本人に理解させ、その目標は「やるべき目標」であることを意識させます。さらに、その目標は「やればできそうだ」という自己効力感を本人に植え付けます。そして、前向きに「やりたい目標」である、ととらえることができるならば、やる気が引き出された状態と言えます。

さらに、**仕事を因数分解して**、目標の実現可能性を部下に実感させます（ベストプラクティス12）。ストレッチ目標の対象を構成要素に分解することで、ハードルがとても高く感じられる目標であっても、具体的なレベルでやるべきことが明らかになります。そして、「できるところから進めれば、いずれはゴールにたどり着く」ということを部下に実感させるのです。

最後に、本人が理解しているかどうかをチェックするために復唱させるとよいでしょう。

次のステップに移行するための基準としては、「**仕事の目的を理解している**」「**自分自身**

への期待度が高まり、自分が担当する仕事の意義を感じている」状態になっていることが挙げられます。部下がこうした状態になっていれば、次のステップに進みましょう。

ステップ2・自分で考える機会を与える

○作業途中の早い段階で複数回、進捗状況を確認する

なにより、定期的なミーティングや日常的な対話を通して、部下の話をしっかり聴ききることが大事です（ベストプラクティス24）。聴ききることで、部下の考えや取り組みを正しく把握できるので、適切なアドバイスやサジェスチョンを送ることができます。また、指導を素直に受け入れる前提として信頼関係を築くためには、聴ききることが必須です。

○確認した結果を本人にフィードバックする

次に、「フィードバックの4原則」を実践します（ベストプラクティス33－1）。

フィードバックの4原則とは、「聴ききる（できればメモをとる）」「プロセスを承認する（ねぎらう）」「課題を問いかけ、本人に考えさせる」「アドバイスする」。この4つを意識し

て実行することで、部下の成長を促すフィードバックになります。

フィードバックは日々の定期的なミーティングや、週単位、月単位など長いスパンによる振り返りなど、さまざまな機会で行うようにします（ベストプラクティス33－3）。良かった点をその場ですぐほめる即時フィードバックも大事です。

○フィードバックされた内容は本人に責任を持って修正させる

答えは教えず、ヒントを与えて本人に答えを考えさせます（ベストプラクティス31）。トラブルの場面でも、その対処方法を一から十まで細かく指示するよりも、ヒントを与えて必ず自分で一度答えを考えさせます。部下本人が「自力で何とか乗り切った」という自己効力感を得ることが成長につながります。

リフレクティブ・サイクルを活用して問いかけるのも有効です（ベストプラクティス36－1）。リフレクティブ・サイクルとは、1つの経験を、内的な吟味を通して深く理解し、次の経験に活かすための意味づけをする過程を示すものです。

「記述・描写」（何が起こったのか？）、「感情」（何を考え、何を思ったか？）、「評価」（うまくいったこと／うまくいかなかったことは？）、「分析」（その状況からわかることは？）、

「総合」（他に何ができたか？）、「行動計画」（もう一度同じことが合ったらどうする？）という流れで分析をします。

以上のような指導をした上で、仕事の数や量をこなす必要があるでしょう。

次のステップに移行するための基準としては、**本人が自分で考える習慣がつき、フィードバック結果を理解し、次の作業に活かせるようになっていること**です。この基準を満たしていれば、次のステップに進みます。

ステップ3・仕事を任せる

○難しい課題を与える

ステップ2までのプロセスをふまえて、次の業務のストレッチ・レベルを少し上げます。適切なレベルのストレッチは、本人の現有能力の1・2〜1・3倍を目安とします（ベストプラクティス9－2)。現状の部下の能力と目標達成に求められる能力について、ＯＪＴ指導者と部下との間で、しっかり話し合ってレベルを決めることが大事です。

ストレッチ課題への挑戦の過程では、成長ゴールに対する達成度合いを基準に認識させるとよいでしょう(ベストプラクティス40)。当初設定した成長ゴールを本人に再確認させ、それに対する達成度合いを基準に、日々の成果・課題を認識させます。業務終了後の振り返りでも、成長ゴールに対する達成度合いを検証します。それによって業務経験によって得た学びが成長実感につながります。

○仕事を任せる

部下を成長させるためには、成長スピードに合わせて仕事を任せることが必要です。まずは「任せてみる」、能力アップしたら「任せきる」という方法がよいでしょう(ベストプラクティス17－1)。いきなり「任せきる」のは不安でも、段階を踏むなら大きな失敗は未然に防げます。いざというときの支えがあることが分かれば、部下も失敗を恐れずにチャレンジできます。そんな積み重ねによって業務に習熟し、大きく仕事を任せることが可能になります。

また、部下の習熟度に合わせて、どこまで任せるかを調整することが必要です。その際、「任せ上手」の5原則を実践しましょう（ベストプラクティス17－3）。5原則とは、「本人の能力よりも少し上の仕事を任せる」、「任せる仕事の全体情報とゴールイメージを共有すると同時に、どこまで任せるのか範囲を明確にする」、「任せた後もしっかり見守り、必要に応じて助言する」、「任せた後の細かな指示は最小限にする」、「任せたことを周囲に伝え、支援体制を作っておく」というものです。

ここまで、自分で考えず、当事者意識が低いナカムラくんに対する指導のあり方を見てきました。

ナカムラくんが、①考えて行動する意義を理解し、②考えて行動する面白さがわかり、③考え方をマスターし、④失敗をおそれない気持ちを持つことができれば、指導は成功したといえるでしょう。

さて、ナカムラくんのその後はどうなったでしょうか？

ナカムラくんのその後

ヤマダさんは、ステップ1から3を段階的に実施しました。ナカムラくんは仕事の目的や背景を理解することによって、以前よりも前向きに仕事をするようになったと感じます。さらに、仕事を分解して取り組むことで、ミスがぐんと減りました。それまでは、どこから手をつければいいか、優先順位がハッキリせず、それぞれが中途半端になっていたようでした。

進捗確認も密にし、フィードバックの機会を意識的に増やしました。「なぜ、そうしたのか」「どうしてうまくいかなかったのか」「うまくいった理由は何か」と、具体的な問いかけをすることによって、ナカムラくんの反応もだんだん明確になり、仕事をやりっぱなしにせず振り返ることによって、次の仕事について深く考える姿勢ができてきました。

ステップ3を終えたところで、ナカムラくんは自分から行動を起こすことが明らかに増えました。また、ステップ2の途中から、ヤマダさんへの自発的な情報発信が増えました。それまでは、聞かれて初めて答えることが多かったのですが。

そして先日は、「業務の進め方をこのように変えると効率が上がるのではないか」とチーム・メンバーの前で提案をしてくれました。当事者意識が低い、という課題を、みごとに克服したといえます。

事例2

部下の行動が受動的である（余計な仕事を増やしたくない）

入社3年目のスズキくんの仕事ぶりを見ていると、決められた仕事を決められた通りに実行するけれど、それ以上のことはしないという傾向があります。興味を持った仕事については、営業方法について積極的に提案を行うようなところもあります。でも、総じて、仕事を増やしたくない、という姿勢が感じられます。ストレッチ目標を立てるとき、「なぜ、そこまでしなければならないのか」と聞かれたこともあります。やる気になったときと、そうではないときとで、大きな差があるのです。

そのようなことがあって、同期で、仕事に自信を持っているタナカくんとは、少し成長に差がつき始めました。大事な仕事を任せたいときに、2人を比べて、自然とタナカくんを指名してしまうのです。

欲がない、といえるかもしれませんし、成長への意欲が薄いともいえそうです。仕事に対する信念が弱い、と言いたい気もします。

3年目ですから、そろそろ一人前になってもらわないと困ります。一通りのことができるというだけではなく、少し高い目標にチャレンジして欲しいのです。ストレッチ目標を、「余計な仕事」と捉えて避けているようでは、仕事力を向上させることはできません。といって、本人の同意を得ないで負荷をかけることが、いいとは思いません。回りまわって、そのような仕事の与え方が、組織にいい影響を生むとは思えないからです。

ヤマダさんは、どのような方向性と手法を取れば、スズキくんの姿勢を変容させ、成長に向かわせることができるでしょうか。

行動が受動的な部下の傾向と背景

行動が受動的である背景としては、次のようなことが考えられます。

①仕事の意義・意味がわからず、仕事を通じた成長を意識していない。
②雑用をしても誰にも感謝されない。
③余計な仕事をするのは損だと思っている（ストレッチして初めて成長できることが、わかっていない）。

「仕事の意義がわからない」という背景など、事例1の当事者意識が低いことと、同じような原因が絡んでいます。

①については、「仕事とは、言われたことを実施すること」という仕事観にとどまっていることが問題です。やらなければならないというのはその通りですが、優れた若手はいかに工夫して結果を出すか、を考えますし、そのことが仕事相手に信頼され、評価されることを知っています。そのような評価が、さらに「いい仕事」につながりますし、新しい仕

事に取り組むチャンスになります。その分、仕事能力はさらに向上することになります。そのことを理解させるような指導が求められます。

②は承認の必要性を示唆しています。仮に、その仕事の重要度が低い場合でも、努力を認め、感謝し、励ますようなコミュニケーションが、姿勢を変える第一歩になるでしょう。

③は「成長するためには何が必要か」という成長感に関わります。「普通に仕事をしていれば成長できる」と考えているが、あるいは「成長しなくてもよい」と考えている可能性もあります。そこを修正してあげる必要があります。ですから、ストレッチした仕事に取り組む意味をしっかり伝え、それが成長のための必要条件であることを理解させる必要があるでしょう。

未来のリスク

このような状態を放置しておくと、次のような問題が発生することになります。

まず、意欲的な同僚と、実績と信頼感で差がつくことが予想されます。そして、難易度の高い仕事を任されないため、本人の成長スピードが遅くなるでしょう。

また、高い目標にチャレンジする同僚との意識差が大きいため、チームプレイに支障が出るでしょう。メンバー間にも「なぜ彼だけ簡単な仕事をしているのか」という不信感、不公平感が生じる恐れもあります。

指導・育成の基本方針

行動が受動的な部下に対する指導・育成は、次の3つのステップで取り組みます。

ステップ1・「仕事を通じて成長してほしい」という期待感や、仕事の面白さを伝える
ステップ2・部下の仕事を職場全体で承認し、ほめて、感謝する
ステップ3・「任せる」部分を少しずつ増やしながら、自発的な行動を定着させる

まず、**仕事の面白さを伝えて、理解させます**。ストレッチ目標にチャレンジすることの意味を改めて教え、それが成長につながることを腹落ちさせます。

次に、それが「雑用」であっても、**仕事の流れの中で必要な作業であること**を理解させます。そして、職場全体で正しく評価し、感謝を伝えます。

そして、**少しずつ仕事を任せていきます**。ストレッチした仕事にチャレンジし、承認され、任される部分が増えることによって、部下は手ごたえを感じるようになります。そのことが新たな工夫を考えるなど、自発的な行動となっていくでしょう。そのサイクルを回し続けることによって、自発的な行動は定着していきます。

指導・育成の具体的方法

それでは、具体的な指導・育成方法について見ていきましょう。ナカムラくんの事例1と重複するものもありますが、復習も兼ねて、今まで説明したベストプラクティスとの対応も記しています。

ステップ1・「仕事を通じて成長してほしい」という期待感や、仕事の面白さを伝える

○仕事の意味を理解させ、ストレッチ目標を設定する

大前提として、自分たちの仕事の持つMVP（使命・価値・誇り）を部下に伝えることで、部下の仕事観に修正を促します（ベストプラクティス2）。

仕事は一面では「義務」でもありますが、それだけではなく、顧客や社会に対して果たすべき使命があり、使命を果たすことには価値がある。さらには、その価値を実現することは社員としての誇りであることを伝えます。仕事観に違った角度から光を当てることで、気づきがあるはずです。

次に、部下に「成長ゴール」を意識させます。上司が「期待する人物像」を示し、部下本人が「なりたい自分」のイメージを描きます。そして、双方をすり合わせて成長ゴールを検討し、設定することが重要です（ベストプラクティス6）。成長ゴールは「ナレッジ（知識）」「プラクティス（実践）」「バリュー（価値観）」という3つの視点から落とし込むと、何をすればいいかが明確になり、意欲をもって主体的に仕事を進めることができるようになります。

さらに、本人と話し合い、ストレッチ目標を「やるべき目標」「できる目標」「やりたい目標」にします（ベストプラクティス9‐1）。

事例1でも述べましたが、育て上手のマネジャーほど、目標の意味をしっかり説明することがわかっています。「やるべき目標」で、「なぜ目標のストレッチが必要なのか」を理解させます。また、「できる目標」を設定して、「やればできそうだ」という自己効力感を本人に植え付けます。そして、「やりたい目標」によって、仕事は「ストイックな修業」ではなく、エンジョイメント＝やりがいの要素があることを認識させます。手間を惜しまず、丁寧に目標の持つ意味を説明することで、部下のやる気を引き出すことが大事です。

○期待感を伝え、成長を促す

ストレッチ目標への挑戦を「ストイックな修業」ではなく「エンジョイメント」させます（ベストプラクティス9‐3）。

仕事自体に関心を持ち、やりがいや面白さを感じることで意欲が高まっている状態がエンジョイメントです。エンジョイメントで動機づけるためには、目標設定を部下の価値観・意見を反映させたものとし、ストレッチ目標への挑戦の意味合いを伝え、本人に考えさせること、そしてストレッチの中に本人が創意工夫できる余地（任せる部分）を組み込むことが大事です。

そして、「この仕事を通じて成長して欲しい」という期待を言葉で部下に伝えます。具体的には、期待の言葉に、励まし、後押し、願いの言葉を添えましょう。それによってストレッチ目標への達成意欲が高まります。ときには熱く語ることで、ＯＪＴ指導者の本気を伝えることも有効です。

仕事の過程では、タイミングを見計らって声かけをします。声かけは部下への関心を示すものですから、指示命令や訓示のようなものだけでなく、あいさつ、さりげない日常会話、雑談など、さまざまな形がありえます。なかなか時間がとれない、あるいはタイミングが計れないという場合には、朝いちばんや、終業前など、時間を決めて声をかけるのもいいでしょう（ベストプラクティス23－1）。

次のステップに移行するための基準としては、**成長への意欲が生まれ、ストレッチ目標を嫌がらず、やる気を持って取り組んでいること**です。この基準を満たしていれば、次のステップに進みます。

ステップ2・部下の仕事を職場全体で承認し、ほめて、感謝する

○ほめて、かつ感謝を伝える

一連の仕事が終わったら、成果の大小にかかわらず、まずは「お疲れさま」「よく頑張ったな」といったねぎらいの言葉をかけます（ベストプラクティス33－2）。「業務をやり遂げたこと自体がひとつの成果である」からです。その言葉が、自分がやったことへの承認となります。それが、OJT指導者の言葉に素直に耳を傾け、前向きな姿勢にもつながります。

良い点を見つけたら、その場ですぐにほめることも大事です（ベストプラクティス33－3）。時間を置かずにほめることで、部下本人の中に強く刷り込まれ、その行動が習慣として本人の行動に定着することになります。逆に、時間が経ってからほめても、ほめたことが定着しません。

ほめるだけではなく、感謝の言葉を添えることで、部下の承認欲求の充足を強化し、さらなる成長意欲の向上につながります。また、同様に「喜ぶ」「微笑む」「驚く」というよ

化します。

うな感情を表すと、部下の進歩・成長に共鳴することになり、部下の承認欲求の充足を強

以上の指導によって、**「承認されることで仕事への自信が生まれ」「フィードバックを受けることで成長を実感する」**ようになれば、次のステップに進むことができるでしょう。

ステップ3・「任せる」部分を少しづつ増やしながら、自発的な行動を定着させる

だんだんと「任せる」ことを増やしていきますが、「任せっぱなし」にしないことが大事です（ベストプラクティス17－2）。

仕事を任せはするものの、ＯＪＴ指導者は常に部下の行動をモニタリングし、見守っているサインを送り続けます。また、トラブルに直面すれば、適切に関与します。「しっかり見守っている」ことを本人に認識させ、心理的安心感を与えることが大事です。

業務の過程では、成長ゴールに対する達成度合いを基準に認識させる必要があります（ベストプラクティス40）。業務経験から得た学び（教訓）を成長実感につなげることが大事だ

からです。当初設定した成長ゴールを本人に再確認させ、「期待する人物像」と部下本人が「なりたい自分」への達成度合いをすり合わせます。もしギャップがあるなら、日々の成果・課題を認識させます。

受け身の姿勢が見られたスズキくんですが、これまでの指導を通して、自発的な行動をとれるようになったでしょうか。その後のスズキくんの様子を見てみましょう。

スズキくんのその後

スズキくんの考え方と行動は、徐々に変わりました。ヤマダさんが職場メンバーを巻き込んで進めたステップ1から3までの指導が、功を奏したかたちです。義務感だけで仕事に取り組むのではなく、仕事を通した成長ということが、理解できてきたようです。そしてヤマダさんをはじめ、周囲のメンバーがスズキくんの仕事に対して感謝し、ほめることで、ストレッチ目標に対しても意欲的に取り組むようになったと感じられます。

それまでは、成長ゴールもややあいまいだったのだと思います。それをヤマダさんとの間ですり合わせることによって、めざすべき目標が見えてきたようです。3年目が終わるまでに、周囲から「一人前になった」と評価され、信頼感を得ること。そして、より高いハードルを設定して新たな仕事にチャレンジすること。そんな中長期的な目標も設定し、スズキくんのやる気はぐんと高くなりました。

今では同期のタナカくんに負けまい、という意識も出てきたようで、そんなスズキくんの変化がタナカくんにも刺激になっているようです。意欲の高まりが連鎖し、チーム全体に熱気が生まれています。

おわりに

かつて、例えば25年ぐらい前の職場では、部下指導について、それほど意識して行われていなかったかもしれません。ほとんどの企業が、それぞれの職場の風土をベースに、自然と醸成された手順に沿って、新人を育て、一人前にしていく。そんなプロセスを、阿吽《あうん》の呼吸によって実行し、続けていたのではないでしょうか。新卒採用を毎年コンスタントに実施し、中途採用などはあまりなかった時代のことです。

バブル経済の崩壊によって、そのような良き習慣は希薄化しました。景気低迷が続く中でリストラが経営手法として常態化し、職場メンバーの入れ替わりが激しくなりました。また、採用の凍結や抑制で後輩が入ってこず、入社してから何年もいちばん下っ端、という世代もいたはずです。

ＯＪＴが機能しなくなったといわれますが、それも、このような職場環境の大きな変化が底流にあります。かつては、たいていの職場に、困ったときには面倒を見てくれる庶務の女性正社員がいましたが、今ではほとんどが派遣社員に置き換わっています。仕事にも不慣れな不安な日々に、新人が気安く相談できる人が、いなくなったのです。

企業経営に余裕があった、と言えばそれまでですが、「窓際社員」などと呼ばれる、何をやっているのかわからない中高年もいました。それでも若手が教えを請えば（暇なので）けっこう親身になってアドバイスしてくれたり、世話を焼いてくれる、などということもありました。そんな人たちも、職場からは姿を消しています。

一方、先輩層も、前述のような事情で、仕事をていねいに教えてもらうという経験が先行世代よりも減りました。教えられた経験の少ない社員が、教える立場になった。そのことも、ＯＪＴがなかなかうまくいかない理由の一つかもしれません。

若手が期待通りに育たない、というマネジャー層の嘆きをよく聞きますが、それは若手が劣化したからでしょうか。そうではなく、この20年強に起こった職場環境の変化を背景に、仕事の学びが、うまく成長に結びつきにくくなったことが真相のように感じられます。

そうだとするならば、私たちは若手の成長支援を意識的、方法的に捉え直す必要があります。その際、業務経験を振り返り、持論化し、次の業務に適用する「経験学習」の考え方が、有効です。

本書はそのような考え方によって編まれました。指導ステップ別に、上司や先輩が直面する困難や問題点を「シーン（状況）」として紹介し、「ベストプラクティス（対処方法）」として指導法を説明しているのが本書の特徴です。巻頭の目次にはシーンとベストプラクティスを明記しましたので、インデックスとしてご利用いただければと思います。

最後になりますが、本書は松尾睦・北海道大学大学院・経済学研究院教授の知見に依拠し、また全編にわたる監修をしていただきました。執筆についてはダイヤモンド社人材開発編集部の間杉俊彦が行い、有限会社ピーエムスリーの高橋英明さん、東園治さんに編集協力をお願いしました。また、グローバル ナレッジ ネットワーク株式会社で人材教育コンサルタントを務める田中淳子さんにはベストプラクティス4－1、23などにつき、著書『ITマネジャーのための現場で実戦！若手を育てる47のテクニック』から、また博報堂大学の白井剛司さんにはベストプラクティス17－1につき、博報堂大学編『「自分ごと」だと人は育つ』から、それぞれ実践に基づく育成知見の一部を参考とさせていただきました。深く感謝申し上げます。

編者を代表して　ダイヤモンド社人材開発編集部副部長　間杉俊彦

［監修者］

松尾睦（まつお・まこと）

青山学院大学経営学部教授
北海道大学名誉教授
1964年東京生まれ。88年小樽商科大学商学部卒業。92年北海道大学大学院文学研究科（行動科学専攻）修士課程修了。99年東京工業大学大学院社会理工学研究科（人間行動システム専攻）博士課程修了。博士（学術）。2004年英国ランカスター大学にてPh. D.（Management Learning）取得。塩野義製薬、東急総合研究所、岡山商科大学商学部助教授、小樽商科大学大学院商学研究科教授、神戸大学大学院経営学研究科教授、北海道大学大学院経済学研究院教授などを経て、2023年より現職。
主な著書に『経験からの学習』（同文舘出版）、『「経験学習」入門』（ダイヤモンド社、HRアワード書籍部門・最優秀賞）、『「経験学習」ケーススタディ』（ダイヤモンド社）、『成長する管理職』（東洋経済新報社）、*Unlearning at Work: Insights for Organizations*（Springer）など。

［編著者］

ダイヤモンド社人材開発編集部

「アカデミックな知見と現場をつなぎ、人と組織の活性化を支援する」をコンセプトとして、適性検査や教育研修ツールの作成・販売、研修の企画・運営などを展開する。

部下を成長させる指導術

OJT完全マニュアル

2015年3月12日　第1刷発行
2025年6月27日　第11刷発行

監修者———松尾睦
編　者———ダイヤモンド社人材開発編集部
発行所———ダイヤモンド社
〒150-8409　東京都渋谷区神宮前6-12-17
https://www.diamond.co.jp/
電話／03･5778･7229（編集）　03･5778･7240（販売）
装丁————竹内雄二
本文デザイン——ダイヤモンド・グラフィック社
製作進行———ダイヤモンド・グラフィック社
印刷————勇進印刷（本文）・新藤慶昌堂（カバー）
製本————ブックアート
編集担当———間杉俊彦

ISBN 978-4-478-06474-0